WESTEND

W0077806

ALBRECHT MÜLLER

Die Revolution ist fällig

Aber sie ist verboten

WESTEND

Mehr über unsere Autoren und Bücher:
www.westendverlag.de

Die Deutsche Nationalbibliothek verzeichnet diese Publikation in der
Deutschen Nationalbibliografie; detaillierte bibliografische Daten sind im
Internet über http://dnb.d-nb.de abrufbar.

1. Auflage 2020
ISBN: 978-3-86489-307-0
© Westend Verlag GmbH, Frankfurt/Main 2020
Umschlaggestaltung: Buchgut, Berlin
Satz: Publikations Atelier, Dreieich
Druck und Bindung: CPI – Clausen & Bosse, Leck
Printed in Germany

Inhalt

I. Einführung · 7

II. Das Zeitalter der Restauration.
Wo man hinschaut – Rückschritt · 13

1. Der »Höhenflug der Ungleichheit« · 17
Zwischenruf: Die Zäsur von 1980 · 25
2. Die Staatsgewalt geht vom Großen Geld aus · 30
3. Die großen Finanzkonzerne beherrschen
die wichtigsten Wirtschaftsunternehmen · 38
4. Die großen Finanzkonzerne bestimmen
wichtige politische Entscheidungen · 42
5. Monopole und Oligopole · 48
6. Drohungen, Kriminalität, delegiert und
ausgelagert · 51
Zwischenruf: Abrechnung mit der Ideologie
des Neoliberalismus · 54
7. Spekulationen gehören ins Casino · 59
8. Kriege sind der Ernstfall. Ein wirklicher Rückfall · 64
9. Vasall der USA · 76
10. Die Verunsicherung der Jugend · 85
11. Die Parteien sind am Ende, sie werden ihrer
wichtigsten Aufgabe nicht gerecht · 88
12. Unterwanderung und Einflussagenten · 101

13. Korruption bewegt die Welt 107
14. Mieser Umgang der Politik mit den Menschen.
Die neue Corona-Erfahrung 112
15. Wir haben eure Wohnungen verkloppt 115
16. Die Würde des Menschen ist unantastbar –
und millionenfach verletzt 117
17. Wandel der Natur und Umwelt 120
18. Die EU ist kaputt 121
Zwischenruf: Uns gehts doch gut 128
19. Werden unsere Medien ihrer Aufgabe gerecht? 131

III. Der Kampf der Etablierten gegen die
aufkeimende Kritik 138

IV. Machen wir uns auf einen langen Weg zu
einer Neuen Gesellschaft 149

Wie soll es weitergehen? Nur ein
Stück Hoffnung 180

Anmerkungen 183

I.
Einführung

Von außen betrachtet haben wir eine schöne Demokratie. Formal gesehen gibt es die Chance zum politischen Wechsel. Es finden Wahlen statt. Von außen betrachtet werden wir gut regiert und es geht uns gut.

Tatsächlich stimmt der schöne Satz unseres Grundgesetzes, alle Gewalt gehe vom Volk aus, seit Langem nicht mehr. Tatsächlich gibt es hierzulande statt Fortschritt Rückschritt. Restauration!

Die immer ungerechter werdende Verteilung der Einkommen und Vermögen hat dazu geführt, dass einige das Sagen haben. Die Reichen und die Starken setzen sich durch, bestimmen Wirtschaft und Gesellschaft. Weltweit, in den USA sowieso, bei uns, in Frankreich, in Großbritannien, in Brasilien, in Indien, in Chile, in Saudi-Arabien. Überall.

Die großen Finanzgruppen beherrschen das Wirtschaftsgeschehen und bestimmen die Regeln unseres gesellschaftlichen Zusammenlebens. Weltweit.

Obwohl immer wieder behauptet wird, wir hätten eine Marktwirtschaft und der Wettbewerb müsse geschützt werden, haben wir es inzwischen in zentralen Bereichen mit Monopolen zu tun: mit Microsoft, mit Amazon, mit Facebook, mit marktbeherrschenden Wohnungsgesellschaften.

Unsere Parteien sind demokratische Institutionen? Sie sind dank Grundgesetz beauftragt, an der Willensbildung mitzuwirken. Doch wir müssen feststellen, dass heute kaum noch Menschen in die Parteien gehen, um dort etwas zu gestalten, um die Welt zu verbessern. Karrieristen bestimmen das Geschehen. Unsere Parteien sind durchsetzt von Lobbyisten. Unsere Parteien sind durchsetzt von Einflussagenten.

Und unsere Medien? Hochkonzentriert. Regionale Monopole und Oligopole. Kaputter umgedrehter öffentlich-rechtlicher Rundfunk – mit Ausnahmen. Miserabler kommerzieller Rundfunk. Auf Anpassung ans konservative Milieu getrimmte Redaktionen.

Das hat Folgen für die Programmatik, die in dieser unserer Demokratie noch eine Chance hat: Krieg mehr als Frieden. Verneigung vor den Interessen der USA, Vasall statt Unabhängigkeit. Die Wahrnehmung großer Interessen mehr als soziale Gerechtigkeit und Sozialstaatlichkeit. Privatisierung mehr als Gemeineigentum. Deregulierung mehr als gute Regeln, Laufenlassen mehr als vernünftige Social-Technique. Die neoliberale Ideologie und Praxis beherrschen auch unser Land. Mit gelegentlichen kleinen Variationen.

Das war in der Bundesrepublik Deutschland einmal anders. Ganz am Anfang, kurz nach 1945, und nach einer restaurativen Phase im Kalten Krieg der 1950er-Jahre gab es in den 60ern und 70ern einen wirklichen Schwung aufwärts. Dann folgte der Siegeszug der neoliberalen Bewegung. Und abwärts ging's rund um das Jahr 1980. Diesen Niedergang, diesen Bruch, hat der französische Ökonom Thomas Piketty am Beispiel der Vermögens- und Einkommensverteilung beschrieben. Ich habe diesen Umschwung als Leiter der Planungsabteilung im Bundeskanzleramt zwischen 1973 und 1982 praktisch miterlebt. Die Beobachtungen und Analysen anderer wie auch meine eigenen Erfahrungen werden in den folgenden Text eingehen. Ich blicke inzwischen auf 70 Jahre politischen Engagements und auf lange Jahre praktischer politischer Arbeit zurück.

Mein politisches Engagement begann 1950 mit dem Widerstand gegen die Wiederbewaffnung und 1952 in der Auseinandersetzung mit meinem damaligen Mathematiklehrer, der von Nazi-Deutschland und von Panzerschlachten schwärmte. Später folgte die praktische Erfahrung als Redenschreiber des Bundeswirtschaftsministers Professor Dr. Karl Schiller, als Wahlkampfmanager Willy Brandts, als Planungschef im Bundeskanzleramt bei Brandt und Helmut Schmidt, als Bundestagsabgeordneter und Herausgeber der NachDenkSeiten.

In vielen Feldern der Politik und des Zusammenlebens konnten wir ein Auf und später leider auch ein Ab beobachten. Die Abwärtsbewegung kann man ziemlich genau bestimmen: Im Umfeld des Jahres 1980 wurden progressive Ansätze, humane, soziale Ansätze des menschlichen Zusammenlebens gestoppt. Das geschah nahezu überall. Zeitversetzter Rückschritt, Restauration. In der Außen- und Sicherheitspolitik gab's damals noch Fortschritte. Das kippte kurz nach dem Höhepunkt im Jahr 1990. Mit diesem neuen Buch komme ich auf den früher formulierten Gedanken zurück: Wir waren schon einmal weiter.

Jetzt ist in allen Feldern Restauration angesagt. Was das heißt, werde ich an einigen Beispielen beschreiben. Und weil ich persönlich als Abteilungsleiter im Bundeskanzleramt die Zäsur erlebte, ohne sie damals zwischen 1973 und 1982 gleich richtig einordnen zu können, kann ich die Beobachtung der grundlegenden Veränderungen auch mit persönlichen Erfahrungen und Erlebnissen bereichern.

Restauration ist angesagt, Rückschritte gibt es zuhauf. Wie auf demokratische Weise dieser Trend gestoppt und umgekehrt werden soll, erschließt sich nicht einfach so.

Die Revolution ist überfällig. Aber wie soll das gehen? Sie ist verboten. Das Grundgesetz sieht so etwas nicht vor. In der Praxis werden gegebenenfalls eher die Köpfe der Revolutionäre als die der Reaktionäre rollen. Das deutet sich in der Härte der Auseinandersetzung der etablierten Politik und Medien mit den kritischen Medien im Internet an. Wer den Kopf hebt, wird niedergemacht, diffamiert und schnell als Verschwörungstheoretiker oder Antisemit stigmatisiert. Die Konterrevolution hat Fantasie.

Gibt es einen Ausweg? Ja, die Vermögen neu verteilen. Aber genau dies wird mit gewalttätigem Widerstand beantwortet werden. Was bleibt dann noch? Die notwendigen großen Veränderungen vorbereiten. Durchdenken. Durchkneten. Formulieren. Vorarbeiten für eine Neue Gesellschaft. Ansonsten: Überleben. Unter Freundinnen und Freunden. Sich mehr als bisher zusammentun.

Das ist keine großartige Perspektive. Dennoch besser als nichts.

Die Rezensentinnen und Rezensenten meines Buches werden vermutlich zumindest zwei Einwände erheben:

Erstens werden sie mir vorwerfen, das Buch sei nostalgisch. Früher sei alles besser gewesen, sei der Grundton. Mit diesem Vorwurf muss ich leben. Wenn die neoliberale Ideologie die praktische Politik bestimmt, dann kann ich nichts dafür. Wenn ich darauf hinweisen muss, dass Sozialstaatlichkeit und Solidarität für die Menschen besser sind als Egoismus und Ellenbogen, kann ich nichts dafür. Wenn militärische Interventionen zum Alltag werden, dann kann ich nichts dafür. Wenn man darauf hinweisen muss, dass die Entspannungspolitik, der Abbau der Konfrontation in Europa und die Idee der gemeinsamen Sicherheit auch mit Russland angenehmer, zukunftsweisender und schöner waren, dann kann ich nichts dafür. Dass Nostalgie heute angesagt ist, liegt nicht am Autor.

Zweitens wird darauf hingewiesen werden, dass es uns doch gut gehe und dass wir gut regiert würden. Offensichtlich ist unser Volk aber zweigeteilt. Da ist zum einen wohl eine Mehrheit, die die Lage und die Politik gut findet. Dieser Eindruck wird aktuell zusätzlich gespeist von der Bewunderung und dem Vertrauen in die Bewältigung der Corona-Pandemie. Zum anderen gibt es den Kreis jener vielen Menschen, denen es wirklich schlecht geht wie den Alten, die ihre Rente mit Putzen und mit dem Sammeln von Flaschen aufbessern müssen. Außerdem gibt es jene kritischen Beobachter, die wissen, dass es stinkt, egal wo man hinschaut. Die die katastrophal schlechte Verteilung von Einkommen, Vermögen und Chancen sehen, die die Restauration, die Rückschritte bemerken, die die Kriege und das Kriegsleid noch wahrnehmen und bemerkt haben, dass der 1990 erreichte Frieden in Europa mutwillig zerstört wird und neuerdings wieder Militär die Politik ersetzt. Dass die Einsicht in diese wahren Verhältnisse einer Minderheit vorbehalten ist, ist nicht die Schuld dieser Minderheit.

Es gibt viele, die sich auf der Sonnenseite wähnen, obwohl ihr Einkommen und ihr Vermögen, verglichen mit dem der Reichen und immer reicher werdenden Personen, sehr klein ist und obwohl manche von ihnen später vor Altersarmut stehen werden, ihre Kinder und Enkel in unsicheren Arbeitsverhältnissen stecken und mehr soziale Sicherheit bräuchten. Diese Fehleinschätzung hat viel mit Propaganda zu tun. Diese wird immer geschickter gemacht und führt dazu, dass sich Mehrheiten auch dann um die Regierenden und Bestimmenden scharen, wenn es sachlich dafür keine Gründe gibt.

Auch diese Menschen möchte ich mit diesem Buch erreichen. Es soll helfen, die Augen zu öffnen. Ihnen will ich zeigen, dass der Einzug der neoliberalen Ideologie und Praxis keine Erfolgsgeschichte, sondern schon jetzt und auf Dauer gefährlich ist.

Das Buch und der Autor werden, wie es heute üblich ist, vermutlich der Stigmatisierung mit dem Etikett Verschwörungstheorie ausgesetzt werden. Für diesen billigen Versuch der

Abwertung gibt es eine Reihe von Ansatzpunkten in meinem Text. Darauf will ich ausdrücklich hinweisen. Es gibt zum Beispiel eine Verschwörung der Superwohlhabenden gegen den Rest. Das wird beschrieben. Es gibt Unterwanderung bei Parteien und Medien. Es gibt zum Beispiel eine mörderische Abhängigkeit vieler Völker vom Imperium USA. Darüber nicht zu schreiben und die Befreiung aus den Fängen dieser imperialen Nation nicht zu fordern, wäre sträflich nachlässig. Es gibt den Anspruch und die Aktionen zum Regime Change – merkt denn niemand, dass dies mit Demokratie nichts zu tun hat? Es gibt die Fortsetzung der Politik mit militärischen Interventionen und mit kriminellen Akten. Dies nicht zu sehen, ist schlicht dumm. Aber alles zu sehen, lädt dazu ein, etikettiert zu werden, eben als Verschwörungstheoretiker abgetan und niedergemacht zu werden. Wer solche Gegenkampagnen glauben und akzeptieren will, tut gut daran, gar nicht erst mit dem Lesen dieses Buches zu beginnen.

II.
Das Zeitalter der Restauration.
Wo man hinschaut – Rückschritt

An verschiedenen Beispielen, an großen und an kleineren, wird gezeigt, wie desolat die Lage ist und was anders gemacht werden müsste. Zu den großen Rückschritten zählen beispielsweise

- die dramatisch wachsende Ungleichheit,
- Kriege als Fortsetzung der Politik,
- die neue Feindschaft mit Russland und China und die damit verbundenen Kriegsgefahren,
- die gefährliche Abhängigkeit von den USA und der Rüstungswirtschaft,
- der Einfluss der wirtschaftlich Starken und Vermögenden auf die Politik
- und der auch deshalb eingetretene Ruin der Demokratie,
- die freimütige Nutzung von Steueroasen,
- die Herrschaft der neoliberalen Ideologie und die Abwertung von Solidarität, Sozialstaatlichkeit und staatlicher Tätigkeit insgesamt,
- die Zerstörung unserer Parteien,
- der selbstverständlich gewordene Einsatz von Einflussagenten,
- Korruption,
- die mangelnde Qualität der politischen Entscheidungen,
- die traurige Rolle der Medien,

- der labile unattraktive Zustand der EU und der neue Nationalismus ...

Vermutlich wird manchen Leserinnen und Lesern diese Beschreibung viel zu düster erscheinen. Tut mir leid, dass ich daran nichts ändern kann. Vermutlich kann man die kritische Betrachtung des jetzigen Zustandes nur dann gut verstehen, wenn man auch die besseren Zeiten kennt, aus eigener Erfahrung oder aufgrund von Recherchen. Ein paar Belege dafür:

Wenn man den Kalten Krieg und die beginnende Entspannungspolitik erlebt hat, wenn man noch im Ohr hat, wie der erste deutsche Bundeskanzler hämisch und abwertend von den »Soffjets« sprach und ein anderer ein paar Jahre später sagte: »Wir wollen ein Volk der guten Nachbarn sein«[1]; und wenn man dann erlebt hat, dass dieses Versprechen 1989 und 1990 Früchte getragen hat, dass sich alle Völker in Europa auf friedlichen Umgang miteinander verständigt haben, sich gegenseitig versprochen haben, sich auf Zusammenarbeit und gemeinsame Sicherheit zu verständigen, dann kann man einschätzen, was es bedeutet, dass heute wieder Konfrontation herrscht, einschließlich Bedrohungen, Aufrüstung und Abschreckung. Statt »Soffjets« sagen die Propagandisten des Feindbildaufbaus heute »aber der Putin«.

Wenn man erlebt hat, wie sich Politiker darum bemüht haben, eine Konferenz für Sicherheit und Zusammenarbeit in Europa (KSZE) zustande zu bringen und diese noch zur Organisation für Sicherheit und Zusammenarbeit in Europa (OSZE) weiterzuentwickeln, dann begreift man leichter, was die heute platzgegriffene De-facto-Aushöhlung dieser Einrichtungen bedeutet.

Ein weiteres Beispiel aus einem ganz anderen Feld der Politik und des gesellschaftlichen Zusammenlebens: Wenn man erlebt hat, dass ein deutscher Bundeskanzler sich darüber

Gedanken gemacht hat, wie die Vermehrung der elektronischen Kommunikation auf Kinder und Familien wirkt, nämlich bedrohlich, und empfahl und politisch entschied, damit vorsichtig umzugehen und auf jeden Fall kein öffentliches Geld dafür auszugeben, dann erschrickt man, wenn man den heute üblich gewordenen gedankenlosen Umgang mit Digitalisierung erlebt, wenn man erlebt, wie differenziertes Denken abhandengekommen ist.[2]

Wenn man erlebt hat, wie segensreich sich eine aktive Beschäftigungspolitik auf den Arbeitsmarkt für junge Leute auswirkt und wie gesicherte, unbefristete Arbeitsverhältnisse die Freiheit, ja oder nein zu sagen, vermehren und dass genau diese Konstellation es möglich machte, dass junge Menschen sich die Freiheit nahmen, zu rebellieren, aufzustehen wie die 68er, dann versteht man viel besser, welch ein Desaster die soziale Unsicherheit in der jungen Generation auslöst: Vorsicht, nicht zu viel Kritik, Anpassung, auf das eigene Interesse achten.

Die aktive Beschäftigungspolitik hat – kombiniert mit starken Gewerkschaften und selbstbewussten Arbeitern und Angestellten – bewirkt, dass in diesen Phasen der Anteil der Löhne am Volkseinkommen stieg. Wenn man das erlebt hat, kann man besser begreifen, welch einen Rückschritt die Verbreitung von Leiharbeit und der Stolz auf einen Niedriglohnsektor darstellen.

Wenn man erlebt hat, dass amtierende Politiker die Erweiterung des öffentlichen Korridors forderten, wie man das zum Beispiel 1972 nannte, und wenn man selbst die Parole »Nur Reiche können sich einen armen Staat leisten« formuliert und mithilfe einer lebendigen Partei verbreitet hat, dann kann man besser verstehen, welch ein Desaster die maßlose Privatisierung und Entstaatlichung bis hin zur Forderung, der Staat solle zwar die Lufthansa mit neun Milliarden Euro retten und sich an ihr mit 20 Prozent beteiligen, aber er solle sich aus der

Geschäftspolitik heraushalten, darstellen. Solche unsinnigen Forderungen jucken offensichtlich Menschen nicht, die nicht erfahren haben, dass es auch anders geht, und die vollgepumpt sind von den gängigen Vorurteilen gegen Staat und öffentliche Verantwortung.

Wenn man erlebt hat, dass es einmal einen einigermaßen kritischen *Spiegel* sowie einen aufmüpfigen *Stern* und obendrein eine einigermaßen aufklärende Tagesschau gegeben hat, dann empfindet man das jetzige Einheitsbrei-Versagen der etablierten Medien als besonders gravierend.

Wenn man einen Bundeskanzler erlebt hat, der in einer entscheidenden Phase eines Wahlkampfes die Menschen bittet, sich solidarisch mit anderen Menschen zu zeigen und zu verhalten, dann begreift man sehr viel besser, welch einen Niedergang der herrschende Egoismus darstellt.

Wenn man erlebt hat, wie eine Partei wie die SPD in den 1960er- und 70er-Jahren programmatisch arbeitete und wie Menschen bis hinein in die Ortsvereine für programmatische Arbeit gewonnen werden konnten, dann kann man besser verstehen, warum sich die heutigen Karrierevereine nicht als zukunftsträchtig erweisen.

Diese Beispiele mit Erfahrungen aus besseren Zeiten sind nicht dazu angetan und gedacht, Menschen zu bedrängen, die das nicht erlebt haben und im Heute leben. Sie sollen dazu dienen, zu verstehen, warum der jetzige Zustand so kritisch betrachtet werden muss. Sie sollen dazu dienen, zu verstehen, dass es auch anders geht. Dass die Verantwortlichen, die Politikerinnen und Politiker und wir als Gesellschaft insgesamt die Dinge auch anders gestalten könnten, etwas hochtrabend gesagt: die Welt verbessern könnten. Ich will mit meiner Analyse und meinem Text die junge Generation dazu ermuntern, an andere und bessere Möglichkeiten zu glauben und nicht zu resignieren.

1. Der »Höhenflug der Ungleichheit«

Ungleichheit gab es immer. Das neue Phänomen ist die Radikalität der Ungleichheit und die Veränderung seit den 1970er- und 80er-Jahren.

Immer wieder wurde versucht, Ungleichheit zu rechtfertigen. Lange Zeit wurde die Pferdeäpfel-Theorie verbreitet. Diese meint: Wenn man die Großen und Starken ordentlich füttert, dann fällt auch für die Kleinen, für die Spatzen am Wegesrand, etwas ab. In moderner Formulierung heißt das dann: Wir dürfen die Anleger nicht abschrecken, unser Land muss für die großen Vermögen attraktiv bleiben. Man nennt diese Theorie auch »Trickle-down-Effekt«. Dieser Effekt wurde oft herangezogen, um Steuersenkungen für Spitzenverdiener zu begründen: Das komme dann auch der Allgemeinheit und der Mehrheit zugute.

Es gibt keine Rechtfertigung für die Verschärfung der Ungleichheit. Es gäbe gute Gründe, die mangelnde Verteilungsgerechtigkeit endlich zu einem großen öffentlichen Thema zu machen.

In seinem Jahresgutachten von 2017/2018 stellte der Sachverständigenrat Wirtschaft fest: »In den vergangenen Jahren waren in Deutschland nur wenige Themen Gegenstand einer derart intensiven wirtschafts- und sozialpolitischen Diskussion wie die Verteilung der Einkommen und ihre Entwicklung.«[3] – Das ist eine erstaunliche Feststellung. Die Autoren dieses Gutachtens leben offensichtlich in einem anderen Land. Die Verteilung der Einkommen und Vermögen war und ist gelegentlich mal Gegenstand einer Berichterstattung in den Medien. Aber von einer intensiven wirtschafts- und sozialpolitischen Diskussion der Verteilungsfrage kann man nun seit Jahrzehnten nicht mehr sprechen. Wann haben Sie das letzte Mal von deutschen Politikerinnen oder Politikern Vorschläge für eine gerechtere Verteilung von Einkommen und Vermögen wahrgenommen?

Nur gelegentlich hört man etwas davon, dass die Ungleichheit wächst. Dann zum Beispiel, wenn das *Manager Magazin* die Superreichen Deutschlands ins Schlosshotel nach Kronberg im Taunus einlädt, um dort gesittet eine herausragende Persönlichkeit in die Hall of Fame, in die Ruhmeshalle, aufzunehmen. Auch ARTE widmet sich immer wieder diesem Thema.[4] Zu den positiven Beispielen für eine Thematisierung der Vermögensverteilung gehört auch Jens Bergers Werk *Wem gehört Deutschland*.[5]

Aber diese positiven Beispiele ändern nichts an der allgegenwärtigen Erfahrung, dass die Verteilung von Einkommen und Vermögen in Deutschlands Medien, in der öffentlichen Diskussion wie auch in der politischen Auseinandersetzung der Parteien, anders als der Sachverständigenrat meint, kein großes Thema ist. Wie dramatisch die Entwicklung der Vermögens- und der Einkommensverteilung ist, erfährt die Mehrheit der Menschen in Deutschland selten.

Wir verdanken eine neue Debatte zu diesem Thema, und damit zu einem gravierend kritischen Zustand unserer Gesellschaften im Westen und weltweit, dem französischen Ökonomen Thomas Piketty. Von ihm erschien 2019 das Buch *Kapital und Ideologie*. Darin stellt er die Entwicklung der Vermögensverteilung und der eng damit verbundenen Verteilung der Einkommen im Zeitablauf, vom 19. Jahrhundert bis heute, dar. Seine neue Publikation wie auch der vorangegangene Bestseller *Das Kapital im 21. Jahrhundert* gründen auf eigener empirischer Forschung wie auf der Zusammenarbeit mit anderen Forscherinnen und Forschern. Piketty und seine Kollegen haben Daten zur Entwicklung der Vermögensverteilung und der Einkommensverteilung gesammelt.

Die Überschrift dieses Kapitels, der *Höhenflug der Ungleichheit*, ist eine Anleihe aus Pikettys neuer Publikation. Bei der zusammengefassten Darstellung der Ergebnisse, die im Kontext unseres Themas relevant sind, berufe ich mich auf Pikettys Schrift *Kapital und Ideologie* wie auch auf Interviews mit ihm, vor allem auf ein Interview des Schweizerischen Fernsehens (SRFKultur) vom 30. März 2020.[6] Folgendes ist in diesem Zusammenhang bemerkenswert:

Die Verteilung der Vermögen (und der Einkommen) war bis zum Ersten Weltkrieg unvorstellbar ungerecht. Selbst in Frankreich, dem Land der Französischen Revolution, die sich ja Gleichheit auf die Fahnen geschrieben hatte, war die Verteilung der Einkommen und Vermögen bis zum Jahre 1914 kein die Politik interessierendes Thema.

Vom Beginn des 20. Jahrhunderts bis ungefähr 1980 wurde die Verteilung der Vermögen und der Einkommen gerechter, insbesondere zwischen 1950 und 1980 ist eine deutliche Verbesserung messbar. Andere Autoren, unter ihnen der US-amerikanische Ökonom Paul Krugman, haben schon ein paar Jahre früher dieses historisch interessante Phänomen beschrieben und ihm den Namen the Great Compression, die Große Kompression, gegeben. Krugman hat die damit gekennzeichnete Verringerung der Unterschiede bei Einkommen und Vermögen in der Mitte des 20. Jahrhunderts für die USA auf den New Deal des US-Präsidenten Franklin Roosevelt zurückgeführt.

Piketty spricht von »sozialdemokratischen« Gesellschaften. Diese Benennung mag dem einen oder anderen Leser und der einen oder anderen Leserin sauer aufstoßen. Lassen wir das einfach so stehen. Auch deshalb, weil es in der entscheidenden Phase in Europa und in anderen Ländern, von Schweden bis nach Griechenland, von Finnland bis nach Portugal, und selbst unter den US-Demokraten Personen gab, die sich mit Recht Sozialdemokraten nannten. Die Sozialdemokratie und die Sozialistische Internationale haben weltweit diesen fruchtbaren

Beitrag für mehr Gleichheit und damit für mehr Gerechtigkeit hinter sich. Kaum einer der heute in der Verantwortung stehenden Sozialdemokraten oder Sozialisten in der westlichen Welt wird noch verstehen, welch ein Ruhmesblatt die Tatsache ist, dass das Wirken ihrer politischen Vorfahren solche Spuren hinterlassen hat.

Die Verbesserung der Einkommens- und Vermögensverteilung in der Zeit nach dem Zweiten Weltkrieg und bis ungefähr 1980 hat der Produktivität der Volkswirtschaften nicht geschadet. Das bisschen mehr Gleichheit war meist mit einer Verbesserung der Bildungschancen von jungen Menschen aus Arbeiterfamilien verbunden. Das tat der wirtschaftlichen Produktivität durchaus gut. Diese Erfahrung widerspricht dem häufig verbreiteten Vorurteil, Ungleichheit sei gut für die wirtschaftliche Entwicklung und mehr Gleichheit schade der Produktivität.

Im Umfeld des Jahres 1980 gibt es eine in der Statistik erkennbare Wandlung zu mehr Ungleichheit, also einen bemerkenswerten Knick in der gesellschaftlichen Entwicklung: Abbau der Ungleichheit ungefähr bis 1980, seitdem ein »Höhenflug der Ungleichheit«.

Dieser Trend hält bis heute an. Die Ungleichheit wächst. Das gilt für Vermögen und Einkommen in ähnlicher Weise. Der Anteil der oberen zehn Prozent am Nationaleinkommen betrug in Westeuropa 1980 unter 30 Prozent, heute sind es wieder 35 Prozent. In den USA beziehen die oberen zehn Prozent schon wieder nahezu 50 Prozent und damit mehr als zu Anfang des 20. Jahrhunderts. Ungleichheit mit steigender Tendenz.

Eine im Juli 2020 veröffentlichte Studie des Deutschen Institutes für Wirtschaftsforschung (DIW) ergab, dass sich die Verteilung der Vermögen in Deutschland weiter verschlechtert hat. Die oberen zehn Prozent in Deutschland besitzen messbar mehr als bisher berechnet. Sie besitzen gut zwei Drittel des Vermögens. Das reichste Prozent der Bevölkerung allein hält 25 Prozent des Vermögens.[7]

Die Reichen werden immer reicher. Die Kapitalrendite der großen Vermögen übertrifft die durchschnittliche Rendite auf mittlere und kleine Vermögen um vieles. Die großen Vermögen beziehen Kapitalrenditen von bis zu sieben, acht oder gar neun Prozent, und dies nach Abzug von Inflation und Verwaltungskosten. Jeder Sparer weiß, dass solche Renditen bei 5 000 oder 10 000 Euro oder auch ein bisschen höheren Sparbeträgen nicht zu erreichen sind. Piketty erklärt die Unterschiede: Sie seien eine Folge von Regelungen zum Zugang zu den besten Finanzprodukten. Außerdem entzögen sich die großen Vermögen der Besteuerung, der die kleinen Renditen selbstverständlich unterliegen. Jede Frau und jeder Mann kann dies heute praktisch erleben: Wer einen geringen Betrag auf dem Sparkonto hat oder sonst wie anlegen will, zahlt Gebühren, statt eine reale Verzinsung zu erhalten. Jedenfalls wird der Zins in der Regel nicht positiv sein, nach Abzug der Preissteigerungen sowieso nicht.

Mit Recht stellt Piketty fest, dass der die großen Vermögen fördernde Rechtsrahmen nicht vom Himmel gefallen ist. Die Ungleichheit ist kein Naturgesetz, sondern politisch gefördert und offenbar gewollt. Die Feststellung George Orwells in *Animal Farm*, alle Menschen seien gleich, aber manche seien gleicher, trifft den Nagel auf den Kopf.

Ich verweise in diesem Zusammenhang auf eine Tabelle, die Jens Berger in seinem Buch *Wem gehört Deutschland?* wiedergegeben hat und deutlich zeigt, wie mit der Steuerpolitik den Reichen und Gutverdienenden nachgeholfen wurde:

	1998	2005	2014
Spitzensteuersatz Einkommenssteuer	53 %	42 %	45 %
Kapitalertragssteuer	53 %	42 %	25 %
Körperschaftssteuer	45 %	25 %	15 %
Körperschaftssteuer auf Veräußerungsgewinne	45 %	0 %	0 %
Erbschaftssteuer	30 %	30 %	(30 %)
Vermögenssteuer	0 %	0 %	0 %

Die Verbesserung der Einkommensverhältnisse und der Vermögensverhältnisse, die zwischen 1920 und 1980 messbar war, hatte offensichtlich etwas mit der Steuerpolitik zu tun. Der Spitzensatz der Einkommensteuer war sowohl nach dem Ersten Weltkrieg als auch nach 1940 in Europa und in den USA deutlich höher als heute – in den USA und Großbritannien bei 90 Prozent und darüber, in Frankreichbei bei 60 Prozent und höher, auch in Deutschland mit 56 Prozent höher als heute.

Im Interview mit dem SRF macht Piketty im Blick auf drei besonders reiche Personen ein paar treffende Bemerkungen. Stellvertretend für die Gruppe der Superreichen nennt er: Bill Gates von Microsoft, Jeff Bezos von Amazon und Bernard Arnault, den Besitzer französischer Luxuskonzerne. Sie besäßen heute jeweils circa 100 Milliarden Dollar, vor zehn Jahren seien es jeweils etwa 30 Milliarden gewesen und fünf Jahre davor fünf Milliarden. Das ist ein bedenkenswerter, sprunghafter Anstieg supergroßer Vermögen. Auch das fällt nicht vom Himmel. Es ist ein Höhenflug der Ungleichheit, der politisch gefördert wurde und zugleich Folgen für die Politik sowie den Charakter und das Funktionieren der Demokratie hat. Ungleichheit zerstört die Demokratie.

Im Blick auf die heutige Entwicklung und zugleich im Rückblick auf die Jahre zwischen 1950 und 1980 wie auf die Zeit nach dem Ersten Weltkrieg bemerkt Piketty, dass die Lehren aus der Zeit der Kriege vergessen zu sein scheinen, im Gegensatz zur Zeit zwischen 1950 und 1980. Damals versuchte man, das kapitalistische System in ein Regelwerk einzubetten. Dann kam angeführt von Ronald Reagan, dem US-amerikanischen Präsidenten, und Margaret Thatcher, der britischen Premierministerin, die neoliberale Ideologie ins Spiel. Sie haben den Siegeszug der neoliberalen Ideologie befördert. Thatcher mit dem bekannten Spruch »There Is No Alternative«. TINA. Reihenweise beugte man sich den neuen Regeln: Deregulierung, Flexibilisierung, Lohnkürzung, Privatisierung öffentlicher Unternehmen und sozialer Sicherungssysteme, Entstaatlichung sowie Zusammenstreichen des öffentlichen Sektors.

Soll sich daran ohne Revolution etwas ändern?
Piketty ist ein ausgesprochen optimistischer Mensch, auch wenn er selbst so viele Daten liefert, die man eigentlich nur pessimistisch betrachten kann. Das gilt zum Beispiel für den Hinweis auf die unterschiedlichen Renditen und die Explosion der Vermögen der Superreichen. Wenn die Vermögen von Milliardären innerhalb von 15 Jahren von ungefähr fünf Milliarden auf ungefähr 100 Milliarden ansteigen können, dann stimmt etwas nicht, dann stinkt es und dann kann man auch mit Blick auf den politischen Einfluss und die politische Macht der Supermilliardäre nicht beruhigt schlafen gehen.

Pikettys Optimismus gründet an einer Stelle darauf, dass die deutschen Sozialdemokraten wieder die Einführung der Vermögensteuer fordern. Das ist wirklich liebenswürdig, aber es ist eine ziemlich große Fehleinschätzung: Zum einen ist die deutsche Vermögensteuer mit ihrem – in der Vergangenheit jedenfalls – geringen Satz von einem Prozentpunkt quantitativ ziemlich wirkungslos, jedenfalls wird damit nicht einmal andeutungsweise die Differenz zwischen den Renditen großer Anleger und den kleinen Sparern und ihrer Sparbeträge ausgeglichen. Zum anderen ist noch nicht ausgemacht, dass die SPD die Wiedereinführung der Vermögensteuer wirklich zum Programm erklärt. Noch scheint man am Prüfen zu sein.[8]

Der Neoliberalismus hat sich in den Amtsstuben der deutschen Politik und in den Universitäten und Forschungseinrichtungen der Wirtschaftswissenschaften wirkungsvoll eingenistet. Um an diesen festen Strukturen zu rütteln, muss man wirklich eine grundsätzliche und offensive Debatte führen. *Die Revolution ist fällig* ist als Beitrag dazu gedacht.

Zwischenruf:
Die Zäsur von 1980

Seit 1980 sind 40 Jahre und damit ein halbes Menschenleben vergangen. Damals gab es eine wirkliche Zäsur in der Entwicklung unserer Gesellschaft. Die Verteilung von Einkommen und Vermögen wurde seitdem nicht wenigstens ein bisschen gerechter, sie wurde wieder ungerechter, ungleicher.

Die historische Wende begann nicht exakt mit dem Jahr 1980. Sie begann in Westdeutschland schon Anfang der 70er-Jahre. Ich würde ihren Beginn auf 1973 datieren. Zufällig ist das auch das Jahr, in dem ich meine Arbeit als Leiter der Planungsabteilung im Bundeskanzleramt aufnahm. Im fernen Chile fand im September 1973 eine Art reaktionärer Revolution statt. General Augusto Pinochet putschte gegen den gewählten Präsidenten, den Sozialisten Salvador Allende. Der neue Machthaber öffnete sein Land dem Einfluss der Schule des Ökonomen Milton Friedman von der Chicago School. Dort ausgebildete chilenische und US-amerikanische Wissenschaftler und Ideologen probierten in Chile die neoliberalen Rezepte der Chicagoer Schule aus.

Wir haben in Deutschland zwar den Putsch in Chile mitbekommen und je nach politischer Ausrichtung hat man hierzulande protestiert oder applaudiert. Auch einige deutsche Parteigrößen aus dem Lager der Union hielten den Putsch für berechtigt. Andere, sicher eine große Minderheit, waren betroffen, haben aber von der inneren Zäsur wenig mitbekommen.

Unser Botschafter in Chile hat vermutlich von dieser inneren Entwicklung nicht viel nach Bonn berichtet. Jedenfalls hat mein für die Auswärtige Politik zuständiger Kollege im Bundeskanzleramt in der Zeit nach dem Putsch im September 1973 nie von der neoliberalen Revolution in Chile berichtet.

Davon unabhängig haben sich aber auch hierzulande die Einflüsse dieser neuen ökonomischen Lehre bemerkbar gemacht: Zum einen kamen die beschäftigungspolitischen Akzente, die aktive Beschäftigungspolitik nach der Lehre des britischen Ökonomen John Maynard Keynes, in Verruf. Keynes is out – so hieß es damals.[9] Die praktische Politik der Regierung Schmidt pendelte hin und her – zwischen offensiv aktiver Beschäftigungspolitik und Abwarten.

Ähnlich verhielt sich die Regierung Schmidt im Bereich der Sozial- und Gesellschaftspolitik. Bundeskanzler Schmidt wurde vom Bundeswirtschaftsminister Otto Graf Lambsdorff, FDP, unter Druck gesetzt. Diesen wiederum inspirierte der Leiter der Grundsatzabteilung im Bundeswirtschaftsministerium und spätere Staatssekretär Hans Tietmeyer. Dieser war aktives CDU-Mitglied sowie Vorsitzender der CDU Bad Godesberg und schon beim sozialdemokratischen Wirtschaftsminister Karl Schiller Grundsatzreferent. In den Jahren 1968 und 1969 lernte ich ihn kennen, seine Fachkenntnis schätzen und seinen ideologischen, rechtskonservativen, gesellschaftspolitischen und ökonomischen Ansichten zu widerstehen. Tietmeyer hat wie auch sein Minister Graf Lambsdorff einen beachtlichen Anteil an der in Deutschland schon in den 1970er-Jahren betriebenen und dann mit der Wende von Schmidt zu Helmut Kohl im Jahr 1982 weitergeführten neoliberalen Wirtschafts- und Gesellschaftspolitik, also auch an der Zäsur im Umfeld des Jahres 1980.

Bundeskanzler Schmidt war in der Frage der sozialen Gestaltung unseres Landes hin- und hergerissen. Schmidt war 1972, also vor seiner Kanzlerschaft, Vorsitzender einer Kommission, die sich die Erweiterung des öffentlichen Korridors, also mehr staatliche Tätigkeit und Verantwortung, auf die Fahnen geschrieben hatte. Schmidt hat als Bundeskanzler dafür gesorgt, dass die ungerecht wirkenden Kindersteuerfreibeträge 1975 durch ein gleiches Kindergeld für alle ersetzt wurden. Von Schmidt stammt die schöne und treffende Formulierung, die soziale Sicherheit sei das Vermögen der »kleinen Leute«. Von ihm stammen aber auch erste Einschnitte in das soziale Netz. Im Jahre 1981 ließ er sich von Graf Lambsdorff, der FDP-Spitze und von Hans Matthöfer, dem Bundesfinanzminister der SPD, einreden, ein Streichprogramm zu verabschieden. Die Erfinder und Betreiber dieses Streichprogramms nannten es Operation '82. Dieses Programm trieb die Gewerkschaften auf die Straßen. Der Vorsitzende der IG Metall, Franz Steinkühler, führte damals die Proteste an.

Gut kann ich mich noch an eine Sitzung im Bundeskanzleramt erinnern, zu der nicht nur Staatssekretäre und Abteilungsleiter aus den einschlägigen Ressorts Finanzen, Wirtschaft, Soziales und Bundeskanzleramt geladen waren, sondern auch die Fachleute der Regierungsfraktionen SPD und FDP. Dort wurden dann die Elemente der Operation '82 vorgestellt. Ich sehe noch das zutiefst betroffene Gesicht des für die Sozialpolitik in der SPD-Bundestagsfraktion zuständigen und als sehr engagiert bekannten Eugen Glombig vor mir. Er war sichtlich erschüttert. Glombig wuchs als Sohn eines Hafenarbeiters in einfachen Verhältnissen auf. Der Vater hatte mitunter Schwierigkeiten, die Familie zu ernähren. Mit zwei Jahren erkrankte Glombig an spinaler Kinderlähmung und war zeitlebens schwer gehbehindert.

Glombig und Graf Lambsdorff könnten als Symbolfiguren für die Zäsur stehen, die mit dem Wechsel der Gesellschaftspolitik im Umfeld des Jahres 1980 stattgefunden hat. Der eine steht für die Verbesserung der Lebensverhältnisse der Menschen ohne Vermögen, die vor dem Jahr 1980 erkämpft worden war. Der andere steht für die Wohlhabenden, die Oberschicht und auch für jene, die von der damals eingeleiteten gesellschafts- politischen Wende, von Deregulierung und Privatisierung profitierten. Graf Lambsdorff war eng mit der Versicherungs- wirtschaft verbunden, die zum Beispiel von der späteren Teilprivatisierung der Altersvorsorge massiv profitiert hat. Sein Name steht auch für eine Schrift, für das sogenannte Tiet- mayer-Lambsdorff-Papier, das sowohl das Scheidungspapier für die sozialliberale Koalition – 1969 bis 1982 – als auch eine der gesellschaftspolitischen Grundlagen für die anstehenden Änderungen in Deutschland darstellte.

Die damalige Zäsur hatte und hat bis heute weitreichende Konsequenzen. Piketty und andere haben die Daten erfasst, die zeigen, welche Folgen die veränderte Politik weltweit und für unser Land für die Verteilung von Vermögen und Einkommen hatte und weiterhin haben wird. Es ist eine wirkliche Zäsur. Doch sie wird weder in Beiträgen der Medien noch in der Geschichtsschreibung den gebührenden Niederschlag finden. Zäsuren, die den oberen Vermögen und Einkommen zugute- kommen, finden nicht die notwendige Aufmerksamkeit.

Wie schon an der Operation '82 sichtbar, fiel die wachsende Ungleichheit nicht vom Himmel. Sie wurde gemacht und in vielen Schritten weitergetrieben: Unmittelbar nach der Wende von Schmidt zu Kohl hat Kohls Familienminister Dr. Heiner Geißler die Kindersteuerfreibeträge, von denen Vielverdiener mehr haben als Normalverdienende und die Bezieher kleiner Einkommen, wieder eingeführt – wenn auch parallel zum ein- heitlichen Kindergeld für alle; noch in der Zeit der Regierung Kohl wurden die Vermögensteuer und auch die Gewerbekapi- talsteuer abgeschafft; während der Regierungszeit Kohls wurde in den 1990er-Jahren ein öffentliches Unternehmen nach dem anderen (teil-)privatisiert; die Regierung Gerhard Schröders verringerte die Unternehmenssteuern; sie betrieb mit Riester- beziehungsweise Rürup-Rente und der Entgeltumwandlung die Teilprivatisierung der Altersvorsorge; sie stellte die Gewinne, die beim Verkauf von Unternehmen und Unternehmensteilen anfallen, steuerfrei – ein Riesengeschenk an reiche Inhaber von Unternehmen; dann wurden von Bundeskanzlerin Angela Merkel und ihrem Finanzminister Peer Steinbrück (SPD) in der Finanzkrise ab 2007 die Spekulanten und große Vermögen mit dem Geld der Steuerzahler gerettet; 2008 wurde auch noch die Erbschaftsteuer so reformiert, dass sie praktisch nicht mehr zieht; die Regierung Schröder senkte zum 1. Januar 2001 den Spitzensteuersatz bei der Einkommensteuer auf 42 Prozent, 1998 hatte er bei 53 Prozent gelegen; eine SPD-Steuerreform- kommission hatte im Jahre 1971 noch 56 Prozent gefordert. Dies zur Information und zum besseren Verständnis der ge- sellschaftspolitischen Atmosphäre. Dann wurde, passend zur Förderung der Gesamttendenz, die Oberen zu schonen und bei den Unteren abzugreifen, zum 1. Januar 2007 die Mehrwert- steuer um drei Punkte von 16 Prozent auf 19 Prozent erhöht.

Auch auf einem anderen Segment wurden die Weichen für einen Niedriglohnsektor gestellt: Leiharbeit, Hartz IV, die Aus- weitung befristeter, unsicherer Arbeitsverhältnisse, Zuwande- rung und Zuzug auch mit dem Ziel, den Niedriglohnsektor mit neuem Arbeitskräfteangebot auf niedrigem Niveau zu füttern und zu stabilisieren.

Es ist unter diesen Umständen nicht verwunderlich, dass die Ungleichheit gediehen ist. Eben ein Höhenflug der Un- gleichheit.

Der Höhenflug wurde ideologisch, wie schon erwähnt, gestützt und gefüttert von der neoliberalen Ideologie und den dieser Ideologie verpflichteten Politikern. Eine herausragende Rolle spielten Thatcher und Reagan.

Wirkungsvoll war auch die ideologische Umgestaltung der Sozialdemokratie. Symbolhaft steht dafür »New Labour« des britischen Premiers Tony Blair und der Abklatsch, den Schröder und seine Mannen in Deutschland installiert haben.

Zusammenfassend muss noch angemerkt werden, dass die Zäsur im Umfeld des Jahres 1980 viel mehr als die eigentliche Verteilungspolitik betraf – auch andere wichtige Teile unseres Zusammenlebens waren berührt: Konjunktur- und Beschäftigungspolitik gab es nicht mehr, die Kommerzialisierung aller Lebensbereiche einschließlich des bis dahin nur in öffentlich-rechtlicher Regie betriebenen Rundfunks, also des Fernsehens und Hörfunks; auch die zarten Pflänzchen eines anderen Umgangs mit dem motorisierten Verkehr wurden zertrampelt. »Freie Fahrt für freie Bürger« lautete ab 1982 die Parole, dazu kam die Privatisierung bisher im Wesentlichen öffentlich erstellten Leistungen, einige Jahre später dann auch der Umgang mit anderen Völkern.

2. Die Staatsgewalt geht vom Großen Geld aus

In Art. 20 unseres Grundgesetzes heißt es, alle Staatsgewalt gehe vom Volke aus. Das ist ein wirklich schöner Spruch. Aber mit der Wirklichkeit hatte dieses Versprechen von Anfang an nicht allzu viel zu tun. Die wirtschaftlich Starken hatten de facto immer mehr zu sagen als das normale, nicht vermögende Volk. Aber es gab eine gewisse Kontrolle. Und es gab die Chance, zum Beispiel die soziale Sicherheit auszubauen, den weniger begüterten Menschen Bildungschancen zu eröffnen, und es gab auch immer wieder das Bemühen, Monopole und Oligopole zu verhindern und für Wettbewerb zu sorgen. Es gab sogar einmal einen wirklichen politischen Wechsel, nicht nur einen formalen, sondern einen programmatischen und in der faktischen Politik wirksamen Wechsel. Heute würde ich wetten, dass es einen solchen Wechsel in der Bundesrepublik Deutschland nicht mehr geben wird.

Es gab in der jüngeren Vergangenheit auch nicht die großen Extreme, die Superextreme bei der Verteilung von Einkommen und Vermögen. Das hat sich, wie beschrieben, verändert. Und es haben sich aus vielerlei Gründen die Machtzentren verschoben. Und infolgedessen sind politische Entscheidungen gefallen und fallen immer wieder, die zuvörderst den Interessen der finanziell Mächtigen dienen.

In die Reihe dieser Entscheidungen gehört die Teilprivatisierung der Altersvorsorge. Die politisch Verantwortlichen haben bewusst die Leistungsfähigkeit der gesetzlichen Rente verringert und damit den Banken und Versicherungen und ihren Eignern ein neues Geschäftsfeld eröffnet. Und sie haben diese Umorientierung zugunsten privater Interessen dann auch noch mit öffentlichem Geld geschmiert: staatliche Zuschüsse für die Modelle der privaten Vorsorge, für die Riester-Rente und Steuererleichterungen bei der Rürup-Rente und so weiter.

Das war ein ausgesprochen gravierender Vorgang mit weitreichenden Folgen. Eine wichtige gesellschaftliche Einrichtung, die gesetzliche Altersvorsorge und das damit verbundene Umlageverfahren, ist zur Disposition gestellt worden. Besonders gravierend war die erwähnte bewusste und geplante Verringerung der Leistungsfähigkeit der gesetzlichen Rente – mit allen Konsequenzen. Und die gesamte Operation war nicht einmal erfolgreich. Die Riester-Rente ist ein Flop. Altersarmut droht vielen Menschen. Und dennoch macht man so weiter.

Eine ähnliche Tragweite hatte die zur gleichen Zeit getroffene Entscheidung für Reformen, für sogenannte Reformen, muss man wohl sagen, im Bereich des Arbeitsmarktes: Mit dem Ersatz einer umfassenden Arbeitslosenversicherung durch die Regeln von Hartz IV und kombiniert mit der Einführung von

Leiharbeit und anderen Formen der ungesicherten Arbeitsverhältnisse ist es Anfang des Jahrhunderts gelungen, in Deutschland einen sogenannten Niedriglohnsektor einzuführen. Die in Deutschland bewirkten Veränderungen wurden dann allenthalben bei Benutzung des schönen Wortes Reform anderen Völkern weiterempfohlen beziehungsweise aufgezwungen.

Es gab in den letzten Jahren und Jahrzehnten eine Reihe weiterer staatlicher Entscheidungen zugunsten des Großen Geldes. Beispiele:

Die Bundesregierung hat 2007 die Industriekreditbank (IKB) mit ungefähr 10 Milliarden Euro gerettet, von uns Steuerzahlern bezahlt. Man hat damals dann so getan, als wäre die IKB eine öffentliche Bank. Damit sollte dem Staat die Verantwortung für das Desaster mit Spekulationen in US-amerikanischen Hypotheken zugeschoben werden. Die IKB war aber keine öffentliche Bank und auch nicht mehrheitlich im Eigentum öffentlicher Stellen. Sie war eine private Bank und in ihrem Aufsichtsgremium saß die Crème de la Crème der deutschen Wirtschaft. Ihr Ruf sollte nicht beschädigt werden. Deshalb wurde behauptet, der Staat habe versagt und deshalb musste der Steuerzahler zahlen.

Wegen des Lockdowns aus Anlass der Corona-Krise ist die Lufthansa in Schwierigkeiten geraten. Die Lufthansa ist ein privates Unternehmen. Aber es hängen viele Arbeitsplätze und der Wert des Vermögens reicher Leute und dabei der Wert des Vermögens eines Milliardärs, des Großaktionärs Heinz Hermann Thiele, daran. Er hat während der Krise und der Verhandlungen seinen Anteil an der Lufthansa auf 15 Prozent aufgestockt. Um Arbeitsplätze zu retten und mit dem Hinweis auf die angebliche Notwendigkeit eines sogenannten nationalen Luftfahrtkonzerns hat die Bundesregierung beschlossen, die Lufthansa finanziell zu unterstützen. Mit insgesamt neun Milliarden, teilweise als Kredit der staatlichen Kreditanstalt für Wiederaufbau (KfW) und teilweise durch Beteiligung am Unternehmen. Dabei gab es Streit darüber, welche Konstruktion und Bedeutung diese Beteiligung haben sollte. Die CDU/CSU plädierte dafür, dass der helfende Staat keinen Einfluss auf die Unternehmenspolitik nehmen solle. Die Linie dafür gab der Lufthansa-Chef persönlich vor: »Wir brauchen staatliche Unterstützung, aber keine staatliche Geschäftsführung«, warnte Konzernchef Carsten Spohr.[10] Auch Großaktionär Thiele zierte sich.[11]

So weit sind wir schon, und zwar nicht nur hier bei der Lufthansa: Wir Steuerzahler dürfen private Unternehmen zwar auffangen, wir dürfen die privaten Eigentümer und den Wert ihres Vermögens zwar zu retten versuchen, aber wir dürfen nicht mitreden und die Geretteten tun obendrein so, als wären wir Steuerzahler die Bittsteller. Wir leben schon in tollen Zeiten. Die Macht geht nicht vom Volke aus.

In der Corona-Krise ging es dann im gleichen Stil weiter: Die Interessen der Reichen wurden und werden in vielfältiger Weise unterstützt, und zwar nicht nur beschränkt auf eine Unterstützung aus dem Lager der konservativen und wirtschaftsnahen Parteien CDU, CSU und FDP, sondern zum Beispiel auch aus den Reihen der Grünen. So hat der baden-württembergische Ministerpräsident, der Grüne Winfried Kretschmann, schon früh in der Corona-Krise, nämlich am 18. März 2020, verlauten lassen, er setze seine große Hoffnung in die Entwicklung eines Impfstoffes durch das Tübinger Pharmaunternehmen CureVac. Der Bund ist später mit 300 Millionen Euro für einen etwa 23-prozentigen Anteil an diesem Unternehmen eingestiegen. Hierzu verlautete vom Bundeswirtschaftsminister Peter Altmaier (CDU), der Staat werde keinen Einfluss auf geschäftspolitische Entscheidungen nehmen. Haupteigner von CureVac ist Dievini, ein Unternehmen, das dem SAP-Mitgründer Dietmar Hopp gehört.

In der dazugehörigen Pressemitteilung heißt es: »Unternehmerische Unabhängigkeit von mRNA-Unternehmen CureVac bleibt erhalten; der Bund nimmt keinen Einfluss auf geschäftspolitische Entscheidungen.«[12]

In diesen Erklärungen wird also zum einen die Macht der wirklich Mächtigen sichtbar, zum anderen die demütige, strammstehende Haltung der gewählten Vertreter des Volkes. Es wurde wohl auch keine Sekunde überlegt, ob man Steuergeld nicht vielleicht besser zur Forschung in öffentliche Einrichtungen investieren sollte, in einschlägig tätige Universitäten oder öffentliche Kliniken. In den Erklärungen ist auch nichts davon zu lesen, wie der Staat und wir Steuerzahler an den Gewinnen beteiligt werden, die anfallen, wenn der Einsatz der Forschungsgelder erfolgreich ist.

Weitere Gelder für die Entwicklung von Impfstoffen durch Unternehmen wurden von der Europäischen Union eingesammelt. Es gab eine Corona-Geberkonferenz. Die Tagesschau meldete am 28. Juni 2020, es seien 6,15 Milliarden Euro zusammengekommen. Dieses Geld fließt wohl meist an private Firmen.

Das mag man ja alles für normal halten. Ich sehe diesen Vorgang eher als einen Beleg dafür, dass auch hierzulande das wirtschaftliche Wohlergehen und die finanzielle Unterstützung für die besonders reichen Menschen von den amtierenden Politikerinnen und Politikern als positiv betrachtet werden. Und es wird schon gar nicht mehr hinterfragt, ob es eine öffentliche Aufgabe ist, die Tätigkeit privater Firmen und damit auch das Wohlergehen der dortigen großen Investoren mit Milliarden zu subventionieren sowie gleich immer anzumerken, dass man nicht mitsprechen wolle.

Man will also auch wohl nicht am Erfolg der investierten Mittel partizipieren. Das kann doch wohl nicht wahr sein. Vermutlich ist es wahr. Das Große Geld hat inzwischen das Image eines großen Wohltäters. Und wenn das so ist, dann sind, so der vermittelte Eindruck, auch öffentliche Milliarden ohne Fragezeichen und Kontrolle gut investiert.

Die großen Finanzkonzerne haben auch viel in der Rüstungswirtschaft investiert und zum Beispiel auch in den Bau von Atomwaffen. Es liegt deshalb deutlich in ihrem Interesse, dass die im Zuge der Verständigung zwischen Ost und West im Jahre 1990 versprochene, geplante und mögliche Abrüstung nicht stattgefunden hat. Im Gegenteil. Und wenn man sich die gesamte Debatte um Krieg und Frieden, um Sicherheitspolitik und Bündnisstrategien anschaut, kann man ganz genau erkennen, dass das Große Geld bei dieser abstrusen Entscheidung für die Fortführung von Rüstung und Aufrüstung mitgesprochen und mitentschieden hat.

Die Interessen der begüterten Mitmenschen werden oft auch dadurch gefördert, dass staatliche Organe sie besonders nachsichtig behandeln. Wir kennen das schon seit einiger Zeit aus Hessen. Dort wurden Steuerbeamte davon abgehalten, Steuererklärungen und Steuerverhalten konsequent zu prüfen. Im konkreten Fall wurde sogar zu der List gegriffen, die betroffenen Steuerbeamten für psychisch krank zu erklären.[13]

In diese Reihe gehört auch der Umgang mit dem Zahlungsabwickler Wirecard. Da gab es immer wieder Verdachtsmomente. Die von der Finanzaufsicht (BAFIN) mit einer Untersuchung beauftragte Deutsche Prüfstelle für Rechnungslegung (DPR) hat wenig Personal und setzte nur eine Person zur Prüfung ein. In der Bilanz fehlten 1,9 Milliarden Euro. Es ist schon sehr erstaunlich, dass ein solches Loch und damit der Weg in die Insolvenz so lange nicht entdeckt wurden. Es ist nicht erstaunlich, wenn man bedenkt, dass die Aufsicht so mangelhaft organisiert und ausgestattet war.

An diesem Fall wird auch ein Zusammenhang zwischen Begünstigung des Großen Geldes und der mit dem Einzug der neoliberalen Ideologie einhergehenden Privatisierungstendenz sichtbar. Die so amtlich klingende »Deutsche Prüfstelle für Rechnungslegung« ist ein privatrechtliches Unternehmen und hat dennoch quasi hoheitliche Aufgaben. Ich zitiere direkt von der Webseite dieses Unternehmens:

> »Die Deutsche Prüfstelle für Rechnungslegung (DPR) prüft seit dem 1.7.2005 die Rechnungslegung von kapitalmarktorientierten Unternehmen (Enforcement).
>
> In Deutschland ist das Enforcement-Verfahren zweistufig ausgestaltet, sodass neben der privatrechtlich organisierten DPR noch die mit hoheitlichen Mitteln ausgestattete Bundesanstalt für Finanzdienstleistungsaufsicht (BaFin) beteiligt ist.
>
> Unsere Aufgabenstellung orientiert sich an folgendem Leitspruch:
>
> *Im Interesse des Kapitalmarktes wollen wir zu einer wahrhaften und transparenten Rechnungslegung der kapitalmarktorientierten Unternehmen beitragen.*«[14]

Es ist rundum so angelegt, dass die Vermögenden möglichst geschont werden. Der Staat zieht sich zurück. Er wird dann gebraucht, wenn Spekulationen schiefgehen wie in der Finanzkrise 2007 bis 2009. Dann zahlt er bereitwillig und rettet auch die Spekulanten. Auch das ist die Basis der in den Statistiken sichtbaren Verschiebung der Vermögen und Einkommen hin zu mehr Ungleichheit.

Zum Abschluss dieses Kapitels folgen noch drei Beispiele für massiven und wirklich am Schluss noch gewalttätigen Einfluss des Großen Geldes auf das Geschehen. Es geht dabei um den Einsatz großer Vermögen für die Meinungsbildung und es geht um direkte Intervention, auch mithilfe von Geheimdiensten.

Das erste Beispiel ist vergleichsweise harmlos: die Gründung und Existenz der Initiative Neue Soziale Marktwirtschaft seit dem 12. Oktober des Jahres 2000. Sie hat mit vielen Millionen Mark der neoliberalen Ideologie zum Durchbruch verholfen. Die INSM machte Reklame für niedrige Löhne, für geringe Sozialleistungen, für mehr Flexibilität, für Privatisierung, für einen schlanken Staat, für alles, was das neoliberale Herz begehrt. Die Mehrheit der wenig oder nichts besitzenden Menschen war dieser Propaganda schutzlos ausgeliefert – es sei denn, man wolle die Gründung der NachDenkSeiten, die aus diesem Anlass geschehen ist, und einige andere aufmüpfige Internetseiten als Gegengewicht verstehen. Die eigentlich am stärksten betroffenen Gewerkschaften haben die Gewalt der von ihren Kontrahenten, den Arbeitgebern der Metall- und Elektroindustrie, gegründeten und finanzierten Einrichtung nicht so ernst genommen, wie es nötig gewesen wäre.

Das zweite Beispiel ist schon etwas weniger harmlos. Es sei an George Soros – beispielhaft für das Gros der Superreichen – erinnert. Er hat mit viel Geld und vielen Unterorganisationen – meist in Gestalt sogenannter NGOs – massiv in die öffentliche Meinungsbildung eingegriffen. Weltweit, nicht nur in den USA und nicht nur in seinem Heimatland Ungarn. Hauptinstrument seiner Einflussnahme ist »Open Society Foundations«.[15] Über diese Stiftung nimmt er offen Einfluss auf die Gestaltung der Europäischen Union.

Das dritte Beispiel: Der US-amerikanische Multimilliardär Sheldon Adelson, Besitzer der Las Vegas Sands-Gruppe, hat ein geschätztes Vermögen von 31 Milliarden Dollar. Adelson setzt dieses Geld auch ein, um andere Menschen, die ihm politisch und ideologisch nicht in den Kram passen, überwachen zu lassen. Im konkreten Fall betraf das den Gründer von Wikileaks, Julian Assange. Als dieser vor dem Zugriff der USA in die ecuadorianische Botschaft in London geflohen war, hat die spanische Sicherheitsfirma UC Global im Auftrag des Sicherheitsdienstes des US-Multimilliardärs Adelson und der CIA den asylsuchenden Julian Assange überwacht. Darüber berichtete die kritische Schweizer Internetseite Infosperber am 3. Juli 2020.[16]

Dieses letzte Beispiel ist insofern interessant, als sichtbar wird, dass das Große Geld nicht nur über die Meinungsbildung und nicht nur über staatliche Einrichtungen, über Abgeordnete und Regierungen Einfluss auf das Geschehen nimmt. Es werden wie selbstverständlich bei der Machtausübung auch Geheimdienste und geheimdienstähnliche Organisationen eingesetzt. So wird nicht nur das große Versprechen der Demokratie, alle Gewalt geht vom Volke aus, mit Füßen getreten. Solche Vorgänge machen auch Angst. Sie bedrohen unsere Freiheit und Sicherheit. Die soziale Sicherheit sowieso.

3. Die großen Finanzkonzerne beherrschen die wichtigsten Wirtschaftsunternehmen

Die meisten Menschen haben wohl noch die Vorstellung, dass in großen Aktiengesellschaften die Anteilseigner im Prinzip gleich sind und die gleichen Rechte bei der Beeinflussung der Willensbildung der Unternehmensführung haben. Und dass sich die Unternehmensleitungen prinzipiell um das Wohl des Unternehmens kümmern. Teilweise, soweit Mitbestimmungsregeln ziehen, in Zusammenarbeit mit den Vertretern der Arbeitnehmerschaft. Diese Sicht der Dinge wurde immer mal wieder ein bisschen gestört: Es gab die Debatte um den sogenannten Shareholder-Value. Damit ist gemeint, dass die Unternehmensleitungen sich vor allem darum kümmern, den Wert des Unternehmens an der Börse zu steigern und hoch zu halten. Und dann gab es hierzulande schon seit längerem die Debatte darüber, dass Banken und Versicherungen mit großen Unternehmen über personale Verflechtungen in den Aufsichtsräten so verschwägert sind, dass die notwendige, an der Sache orientierte Kontrolle nicht mehr stattfindet. Das war die Debatte um die sogenannte Deutschland AG.

Die Regierung Schröder hat relativ früh nach Regierungsantritt begonnen, diese Deutschland AG aufzulösen. Sie hat zum Beispiel steuerlich erleichtert, dass Unternehmen und Unternehmensteile verkauft werden. Das führte zu dem Ergebnis, dass Tausende von Unternehmen in die Hände von Kapitalsammelgruppen gerieten, und es brachte für die Beschäftigten oft zusätzliche Belastungen. Die verkauften Betriebe wurden und werden häufig mit den Schulden der Käufer belastet, Sozialleistungen werden gekürzt und Arbeitnehmerrechte entwertet. Das betraf damals in den Nullerjahren Unternehmen wie Hugo Boss, Märklin, Beiersdorf. Die früheren Eigentümer konnten dank der von der Regierung Schröder verfügten Steuerfreiheit für die Gewinne beim Verkauf von Unternehmen und Unternehmensteilen die im Unternehmen steckenden und versteckten Gewinne steuerfrei realisieren.[17]

Inzwischen ist eine größere, genauso kritisch zu betrachtende Entwicklung eingetreten. Sarkastisch und etwas ungenau könnte man sagen: Aus der Deutschland AG wurde eine US AG. Große, meist US-amerikanische Finanzkonzerne haben weltweit wie in nahezu allen großen deutschen Unternehmen geringe Anteile von drei, vier oder fünf Prozent der Aktien erworben und versuchen, mithilfe dieser geringen, aber im Kontext der Streuung der Aktien großen Anteile, Einfluss auf die Unternehmenspolitik zu gewinnen. Sie beeinflussen Personalentscheidungen. Sie beeinflussen vermutlich auch die Haltung der Unternehmen und möglicherweise auch der Verbände auf große politische Entscheidungen – wie zum Beispiel die Haltung zu den von den USA gegenüber Russland und dem Iran verordneten Sanktionen. Oder zum Beispiel die Haltung der deutschen Unternehmen und der Wirtschaft zu den Freihandelsabkommen.

Dieser Prozess ist schon seit längerem im Gange, er hat aber erst spät die notwendige Aufmerksamkeit gefunden. In der *FAZ* erschien am 30. Juli 2016 ein Gastbeitrag der Ökonomen Axel Ockenfels und Martin Schmalz mit dem Titel »Die neue Macht der Fondsgesellschaften«.[18] Im Einführungstext heißt es: »Im großen Stil kaufen riesige amerikanische Fondsgesellschaften Unternehmensanteile – und bündeln die Eigentumsrechte ganzer Branchen. Das bringt ganz neue Probleme.« – Sie berichten in diesem Artikel zum Beispiel, dass die Vermögensverwalter Vanguard und BlackRock die größten Anteilseigner sowohl von Microsoft als auch von dessen ärgstem Konkurrenten Apple seien. Die Autoren sehen die Gefahr von Preisabsprachen und fürchten, der Wettbewerb werde untergraben, und damit werde auch die Hoffnung von Adam Smith gestört, der Wettbewerb mehre den Wohlstand der Nationen.

BlackRock verfügt über 7,4 Billionen Dollar Anlagekapital und besitzt inzwischen Anteile an allen deutschen DAX 30 Unternehmen. Und ähnlich sieht es bei anderen großen Finanzkonzernen aus.[19]

Dass die *FAZ* 2016 auf das Problem aufmerksam gemacht hat und immerhin von der »Neuen Macht der Fondsgesellschaften« schrieb, ist ja verdienstvoll, aber es darf und muss darauf hingewiesen werden, dass zu diesem Zeitpunkt diese Entwicklung schon einige Zeit lang erkennbar war. Wir haben auf den NachDenkSeiten schon vorher auf dieses Problem aufmerksam gemacht, in meinem 2009 erschienenen Buch *Meinungsmache* war die Besorgnis erregende Entwicklung aufgespießt worden und der NachDenkSeiten-Redakteur und Autor Jens Berger hat schon 2014 in seinem Buch *Wem gehört Deutschland* darauf hingewiesen:

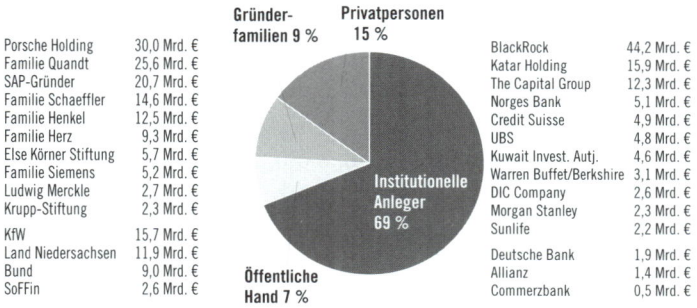

Porsche Holding	30,0 Mrd. €
Familie Quandt	25,6 Mrd. €
SAP-Gründer	20,7 Mrd. €
Familie Schaeffler	14,6 Mrd. €
Familie Henkel	12,5 Mrd. €
Familie Herz	9,3 Mrd. €
Else Körner Stiftung	5,7 Mrd. €
Familie Siemens	5,2 Mrd. €
Ludwig Merckle	2,7 Mrd. €
Krupp-Stiftung	2,3 Mrd. €
KfW	15,7 Mrd. €
Land Niedersachsen	11,9 Mrd. €
Bund	9,0 Mrd. €
SoFFin	2,6 Mrd. €

Gründer-
familien 9 % Privatpersonen 15 %

Institutionelle
Anleger 69 %

Öffentliche
Hand 7 %

BlackRock	44,2 Mrd. €
Katar Holding	15,9 Mrd. €
The Capital Group	12,3 Mrd. €
Norges Bank	5,1 Mrd. €
Credit Suisse	4,9 Mrd. €
UBS	4,8 Mrd. €
Kuwait Invest. Autj.	4,6 Mrd. €
Warren Buffet/Berkshire	3,1 Mrd. €
DIC Company	2,6 Mrd. €
Morgan Stanley	2,3 Mrd. €
Sunlife	2,2 Mrd. €
Deutsche Bank	1,9 Mrd. €
Allianz	1,4 Mrd. €
Commerzbank	0,5 Mrd. €

Herkunft/Standort der Aktionäre der Dax-30-Konzerne

Rest 6,0%	USA 23,6%	Europa 35,0% (davon GB 12,4%)	Deutschland 35,4%

Basis: Börsenkapitalisierung am 10.02.2014 Quelle: Eigenauskunft der Konzerne, eigene Berechnung

Besonders spannend an dieser Situation und der dahinterste-
ckenden Entwicklung ist die Tatsache, dass die institutionellen
Anleger ja nicht nur Preisabsprachen zwischen den Unternehmen organisieren, sondern auch auf andere Teile der Geschäftspolitik Einfluss nehmen können. Sie können Einfluss nehmen
auf große Einkaufsentscheidungen, sie können Einfluss nehmen auf große Investitionen und auf den Kauf oder Verkauf
von Unternehmen. Man muss sich das konkret vorstellen: Ein
Unternehmen, an dem der Finanzkonzern X mehrheitlich beteiligt ist, läuft schlecht. Dann ist es für diesen Finanzkonzern
attraktiv, ein Unternehmen, an dem der Konzern gering, aber
einflussreich beteiligt ist, zu veranlassen, dieses in Schwierigkeiten befindliche Unternehmen zu kaufen. Der damals amtierende Deutschland-Chef von BlackRock, Christian Staub, hatte
schon 2015 in einem Interview mit dem *Berliner Tagesspiegel*
offen und arglos erklärt: »Insofern nehmen wir Einfluss. Aber
im Hintergrund.«[20]

Ein Finanzkonzern kann mithilfe einer geringen Beteiligung
auch Personalentscheidungen mitbestimmen. Die Tatsache,

dass einige der Finanzkonzerne an mehreren oder allen DAX 30 Unternehmen beteiligt sind, erleichtert die Einflussnahme. Es ist inzwischen eingetreten, was man an der Deutschland AG immer wieder kritisiert hatte, dass zum Beispiel Vertreterinnen oder Vertreter der Deutschen Bank oder der Allianz AG in vielen verschiedenen Aufsichtsräten sitzen und damit für eine Verflechtung der Interessen sorgen.

Wir wissen auch, dass Finanzkonzerne auf der Basis ihrer oft sehr geringen Beteiligung von drei oder vier Prozent von den Unternehmensleitungen verlangen, ihre Vertreter in interne Sitzungen des Unternehmens zu schicken. Und wir wissen aus den gleichen Quellen, dass diesem Begehren mit Drohungen Nachdruck verliehen wird. Siehe dazu auch Kapitel II. 6.

An dieser Stelle macht es Sinn, den Bogen zu den Bemerkungen Pikettys über die unterschiedlichen Renditen zu schlagen. Selbstverständlich erzielt eine Kapitalsammelstelle, also ein Finanzkonzern wie BlackRock oder Vanguard, mit dieser Art von Geschäftspraxis ganz andere Renditen.

4. Die großen Finanzkonzerne bestimmen wichtige politische Entscheidungen

In dem hier zu beschreibenden Vorgang werden gleich mehrere Facetten des miserablen Zustandes unseres Landes sichtbar und auch die Hoffnungslosigkeit, unter den herrschenden Machtverhältnissen etwas zu verändern. Es wird

- die interessengeleitete Zerstörung einer guten und bewährten gesellschaftlichen Einrichtung,
- die Geläufigkeit politischer Korruption,
- der marode Zustand der Europäischen Union,
- das Versagen der etablierten Medien,

- und der Parteien (mit wenigen Ausnahmen),
- die Unfähigkeit unserer Gesellschaft, aus Fehlern zu lernen,
- die Abwesenheit von Sachkenntnis und
- die Tatsache, dass es Verschwörungen tatsächlich gibt,

sichtbar.

Was ich nämlich im Folgenden schildere, ist die Verschwörung gegen die Mehrheit unseres Volkes in einer Angelegenheit, die für die Mehrheit ausgesprochen wichtig ist, lebenswichtig sozusagen: eine günstige und durch sachliche Erwägungen geprägte Vorsorge fürs Alter.

Im Januar 2017 trat der Chef und Gründer des Finanzkonzerns BlackRock bei der Deutschen Börse auf. Larry Fink beklagte, dass in Europa und vor allem in Deutschland die Altersvorsorge »übermäßig abhängig« von staatlichen Renten sei. Diese staatliche Rente könne im Alter nicht mehr das Einkommen bieten, das die Menschen für ein längeres Leben brauchen. Die private Altersvorsorge sei unterentwickelt. Deshalb sei es wichtig und notwendig, die Arbeiter und Angestellten für Anlagen am Aktienmarkt zu motivieren. Damit sie an den Kapitalgewinnen beteiligt würden. Und dann fehlten in Europa und Deutschland auch zuverlässige Daten und die Anleitung, wie man investiert und für die Zukunft plant. Dann empfahl Fink, dass sein Vorschlag von der gesamten EU aufgegriffen werde.

So geschah es dann auch, nur ein halbes Jahr später. Der damalige Vizepräsident der EU-Kommission, Valdis Dombrovskis, zuständig für die Regulierung der Finanzmärkte, legte einen Gesetzentwurf für ein europaweites privates Altersvorsorgeprodukt vor. Brüssel nannte das PEPP – pan-European Personal Pension. Die Finanzkonzerne sollten ihre Fonds europaweit als Altersvorsorge vermarkten können. Die Begründung für diesen Schritt kennen wir seit Jahrzehnten: die »demographische Herausforderung«, so Dombrovskis.

Das Argument wird hierzulande seit mindestens 23 Jahren benutzt. Es wurde in Deutschland und anderen Staaten benutzt, um die Privatisierung und Teilprivatisierung der Altersvorsorgesysteme durchzusetzen. CDU/CSU und FDP haben 1997 im Vorfeld der Bundestagswahl 1998 mit einem Rentenreformentwurf in diese Richtung gezogen. Die Banken und Versicherungen griffen mit dem gleichen Ziel und dem Hinweis auf den demographischen Wandel mithilfe einer großen Anzeigenkampagne in den Bundestagswahlkampf ein. Ich habe mich damals mit einem kleinen Buch und mit Beiträgen für das kritische Tagebuch des WDR sachlich mit diesem Argument auseinandergesetzt und für die Erhaltung der staatlichen gesetzlichen Rente und des Umlageverfahrens plädiert.[21] Aber schon damals war die Lobby, die der Finanzwirtschaft ein neues Geschäftsfeld eröffnen wollte, stärker als die sachlichen Argumente. Wie in diesen Tagen die EU-Kommission und der zuständige Kommissar, so wurde damals der zuständige Arbeitsminister, Walter Riester, »umgedreht«. Dabei geholfen haben sogenannte Wissenschaftler wie die Professoren Bernd Raffelhüschen, Bert Rürup und Axel Börsch-Supan, außerdem kräftig mitgeholfen hat als Agitator und Lobbyist der Finanzdienstleister Carsten Maschmeyer.

Noch früher hat sich auf diesem Feld ein ehemaliger Sozial- und Arbeitsminister von Pinochets Chile getummelt: José Piñera. Zum Wirken des Chilenen und zur freudigen Begrüßung dieses Lobbyisten schrieb Elisabeth Niejahr im *Spiegel* vom 1. Februar 1999 einen Artikel: »Stille Flucht aus dem System«.[22] Das ist bei Erscheinen dieses Buches 21 Jahre her und immer noch werden die gleichen falschen Argumente wiederholt.

Über die negativen Folgen der Privatisierung der Altersvorsorge in Chile haben die NachDenkSeiten im Jahre 2005 schon berichtet.[23] Doch es wurde nichts gelernt, stattdessen geht es immer weiter rückwärts. Jetzt mit einer ganz anderen finanziellen Macht im Rücken: BlackRock ist tausendmal mächtiger als Piñera.

In diesem Zusammenhang bleibt festzuhalten, dass sich die in Deutschland zum 1. Januar 2002 eingeführten privaten Vorsorgemodelle nicht bewährt haben. Insbesondere die Riester-Rente war ein glatter Reinfall. Das wurde gegen Ende des ersten Jahrzehnts des neuen Jahrhunderts auch erkannt. In den Reihen der Befürworter der Privatisierung der Altersvorsorge wurde fieberhaft danach gesucht, was man weiter anstellen könnte, um die staatlich geförderte private Vorsorge zum Erfolg zu machen. Typisch für das marode politische Denken war der Vorschlag, die Riester-Rente zur Pflicht zu machen. Das ist in besonderer und vielfältiger Weise absurd. Es wäre aber ehrlich, weil damit deutlich anerkannt wird, dass der Staat sich zum Büttel der Finanzwirtschaft macht, wenn er die Menschen gesetzlich verpflichtet, ihre Altersvorsorge bei privaten Banken und Versicherungen zu leisten statt wie bisher in der gesetzlichen Rentenversicherung.

Obwohl sich also zumindest in Deutschland die Privatisierungsversuche des Rentensystems als gescheitert erwiesen haben, wird jetzt über den Umweg über Brüssel das gleiche Spiel noch einmal gespielt. Dabei wird deutlich sichtbar, dass es nicht um die Sache geht. Es geht nicht um eine gute Altersversorgung für die Arbeiter und Angestellten. Es geht schlicht um die Bedienung finanzieller Interessen, um die Eröffnung eines neuen Geschäftsfeldes für die Finanzwirtschaft. Damit einem das wirklich bewusst wird, sollte man sich dessen erinnern, was der Finanzdienstleister Maschmeyer 2005 nach Einführung und nach den ersten Erfahrungen mit der privaten Vorsorge öffentlich geäußert hat:

»Nach der Verlagerung von der staatlichen zur privaten Altersvorsorge stehe die Finanzdienstleistungsbranche ›vor dem größten Boom, den sie je erlebt hat‹, sagte Maschmeyer. ›Sie ist ein Wachstumsmarkt über Jahrzehnte.‹ Noch sei nicht überblickbar, wie sich der Anstieg der privaten Altersvorsorge im Detail ausgestalte. ›Es ist jedoch so, als wenn wir auf einer Ölquelle sitzen‹, sagte Maschmeyer. ›Sie ist angebohrt, sie ist riesig groß und sie wird sprudeln.‹«[24]

Sie werden die Ungereimtheiten der neuen Versuche zur Privatisierung der Altersvorsorge noch besser verstehen, wenn Sie sich der Methode bedienen, in realen Größen zu denken:

Immer wird die arbeitsfähige Generation für die Alten und die noch nicht arbeitsfähige junge Generation sorgen müssen. Mit einer Umstellung vom Umlageverfahren aufs Kapitaldeckungsverfahren, also mit der Privatisierung der Altersvorsorge, kann man diesen realen Zusammenhängen nicht entgehen. Im Gegenteil, man verschärft die Lage, weil nämlich ein Teil der arbeitenden Generation dann auch noch mit der Organisation der Altersvorsorge privater Natur beschäftigt wird. Ressourcen werden abgezogen, sie arbeiten im übertragenen Sinne für BlackRock. Der Hintergrund des Vorschlags von BlackRock ist ja nicht die Absicht, den europäischen Arbeitnehmern und Rentnern Wohltaten auszuschütten. Der Hintergrund ist, dass dieser große Finanzkonzern ein neues Geschäftsfeld sucht. BlackRock will Geld verdienen, BlackRock will einen Teil der Ressourcen Europas für sich abgreifen.

Für uns in Deutschland hat dieser Vorgang auch noch den unangenehmen Beigeschmack, dass wir nicht einmal die Lehre aus den Fehlentscheidungen aus den ersten Jahren des 21. Jahrhunderts ziehen können, wenn wir dem Vorstoß von BlackRock folgen (müssen).

Es passt weiter ins Bild, dass die deutsche Vertretung des Finanzkonzerns BlackRock bis März 2020 von Friedrich Merz als Aufsichtsratschef betreut worden ist. Damit es nicht allzu schlimm aussieht im Konkurrenzkampf um den CDU-Vorsitz und somit um die Kanzlerkandidatur der Union, hat Merz diesen Job niedergelegt. Allein aber die Tatsache, dass in der deutschen öffentlichen Debatte überhaupt nicht infrage gestellt wird, ob jemand als CDU-Vorsitzender und potentieller Kanzlerkandidat antreten kann, der so eng mit dem größten Finanzkonzern der Welt verbunden ist, spricht für die Macht, die vom Großen Geld ausgeht. Die Medien und die Wissenschaft und die politische Konkurrenz – sie sind alle stillgestellt.

An dieser Stelle ist es angebracht festzuhalten, wie berechtigt der Titel dieses Buches ist
Erstens: Ein US-Finanzkonzern bestimmt die Konstruktion der Altersvorsorge der Menschen und damit eine wichtige Regelung des menschlichen Zusammenlebens und der sozialen Sicherung in Europa. Die Staatsgewalt geht also nicht vom Volke aus, sondern vom Großen Geld. Es wäre ehrlich, Art. 20 (2) des Grundgesetzes zu verändern: von »Alle Staatsgewalt geht vom Volke aus« in »Die Staatsgewalt geht von BlackRock und Konsorten aus«. Das wäre zumindest ehrlich.

Zweitens: Politische Korruption ist heute auf höchster Ebene möglich.

Drittens: Die Europäische Union ist marode, eigentlich kaputt. Das gilt für die Kommission wie auch für das Europäische Parlament, das dem Begehren des US-amerikanischen Konzerns BlackRock zugestimmt hat.

Viertens: Es gab keinen Aufstand der etablierten Medien in Europa, sie versagen hier wie sonst auch.

Fünftens: Es gibt auch keinen Aufstand des kritischen Bürgertums und der Mehrheit der Menschen. Sie sind so verführt oder verängstigt, dass sie nicht mal mehr merken, wie hier gegen ihre eigenen Interessen und Anliegen politische Entscheidungen eingetütet und vollendet werden. Wahrscheinlich wird ein beachtliches Segment, gerade auch unter modernen jungen Menschen, der subkutan verbreiteten Vorstellung folgen, wenn man auf den Aktienmärkten sein Geld anlegt, dann wird sich das mehren und also auch gut für das Alter vorsorgen.

Alles abstrus. Alles eigentlich Anlass für eine große Umwälzung, für eine Revolution. Aber sie ist nicht nur verboten. Sie findet auch keine Mehrheit. Jedenfalls bei diesem Thema nicht.

5. Monopole und Oligopole

Die Meinungsführer in der gesellschaftspolitischen und wirtschaftspolitischen Debatte sind durchgehend Marktwirtschaftler. Sie preisen Markt und Wettbewerb. Aber in der Praxis drücken sie die Augen zu, wenn es um Microsoft, Google, Amazon, Facebook und eine Reihe anderer meist US-amerikanischer Firmen geht. Das ist schon komisch. Denn die Empfehlungen der theoretischen Ökonomie und der Theorie der Marktwirtschaft sind eindeutig:

Da gibt es zum Beispiel die aus Erfahrung gewonnene Erkenntnis, dass die Marktteilnehmer in der Regel dazu tendieren, Marktmacht zu erreichen, also ein Oligopol – die aufgeteilte und abgesprochene Macht einiger weniger – oder sogar ein Monopol zu ergattern. In jedem Fall versuchen sie, mit Konkurrenten Absprachen zu treffen. Deshalb ist es zur seit Langem feststehenden Regel geworden, dass Wettbewerb geschützt werden muss. Wie bedeutsam diese einfache Erkenntnis ist, kann man schon daran sehen, dass eigens Institutionen zum Schutz des Wettbewerbs geschaffen worden sind. In Brüssel gibt es einen Wettbewerbskommissar beziehungsweise eine -kommissarin. In Deutschland gibt es ein Bundeskartellamt.

Es fällt nun auf, dass die Erkenntnis vom notwendigen Schutz des Wettbewerbs keine große Wirkungsmacht entfaltet: Wir haben ein Quasi-Monopol von Google. Weitere Unternehmen aus der gleichen Ecke verfügen über ähnliche Marktmacht: Microsoft, Facebook, Twitter, Instagram, Amazon. Kann man bei den Diensten von Microsoft wirklich von Wettbewerb sprechen? Und selbst bei Amazon? Das ist inzwischen ein so großes und eingefahrenes Unternehmen, dass man es als Quasi-Monopol betrachten muss. Bei allen zusammen wagen die Vertreter des öffentlichen Interesses, also unsere Politikerinnen und Politiker, nicht mehr, die Grunderkenntnisse der Theorie der Marktwirtschaft anzuwenden.

Und die Verantwortlichen beachten bei ihren sonstigen Entscheidungen auch nicht, wie diese Entscheidungen auf die Marktsituation in den erwähnten Bereichen wirken. Ein aktuelles Beispiel dazu: Der Lockdown wegen Corona hat mit der damit verbundenen Schließung der Läden des Einzelhandels – mit Ausnahme der Lebensmittelläden und der Baumärkte – zu einer massiven Stärkung der Marktposition von Amazon geführt. Wahrscheinlich wird daraus eine nachhaltige Stärkung, weil sich jetzt Menschen, die noch nicht daran gewöhnt waren, über das Internet einzukaufen, umorientieren. Die Marktmacht von Amazon wird deshalb wachsen. Aber das rührt niemanden, jedenfalls niemanden mit politischer Entscheidungsmacht. Offenbar bleiben nur noch die Sprüche zur Marktwirtschaft, aber nichts geschieht zur Stärkung des Wettbewerbs.

Es gibt noch eine relevante Erkenntnis aus der ökonomischen Theorie, die heute sträflich vernachlässigt wird: Die Produktion eines Gutes oder einer Dienstleistung soll dann in öffentliche Regie übernommen werden, wenn diese Produktion mit Unteilbarkeiten verbunden ist. Das klingt ökonomisch theoretisch, ist aber einfach zu erklären: Es macht keinen Sinn, die Dienstleistung, einen Fluss mit einer Brücke überqueren zu können, im Wettbewerb anzubieten und einen Preis beziehungsweise eine Gebühr für die Überquerung des Flusses zu verlangen. Die Brücke wird in der Regel in öffentlicher Regie gebaut und allen kostenlos zur Verfügung gestellt. Ganz ähnlich ist das mit Microsoft. Es gibt kaum Konkurrenz, da wir sinnvollerweise mehrheitlich das gleiche System nutzen. Das Gleiche gilt auch für Suchmaschinen: Es gibt ein bisschen Konkurrenz, aber die Leistung von einem Quasi-Monopol anbieten zu lassen, ergibt Sinn.

Keinen Sinn macht es, dass dies privat geschieht und dass diese quasi monopolartige Position des Unternehmens privat genutzt werden kann. Das widerspricht allen Regeln der marktwirtschaftlichen Theorie und führt obendrein zu massiver Ungerechtigkeit, zu einem Höhenflug der Ungleichheit. Piketty hat in diesem Zusammenhang noch eine weitere skandalöse Erkenntnis hinzugefügt:

»Sollen wir wirklich annehmen, Bill Gates und die anderen Tech-Milliardäre hätten ihre Geschäfte ohne die Hunderte von Millionen öffentlicher Gelder machen können, die seit Jahrzehnten in Ausbildung und Grundlagenforschung investiert wurden? Und glaubt man allen Ernstes, ohne tätige Hilfe des geltenden Rechts- und Steuersystems hätten sie ihr kommerzielles Quasi-Monopol aufbauen und ein Wissen, das allen gehört, zum privaten Patent anmelden können?«[25]

Der gesamte Skandal wird gedeckt. Die seit Jahrzehnten bewährten Erkenntnisse über Kontrolle von Marktmacht und über die notwendige Förderung von Wettbewerb wie auch über die notwendige Übernahme in öffentliche Regie, wenn die Möglichkeit zum Wettbewerb nicht besteht, sind vergessen oder werden missachtet. Und niemand regt sich auf. Seltsam. Eigentlich müssten sie allesamt aus dem Tempel gejagt werden. Aber dieser revolutionäre Akt ist nicht nur verboten, die Monopolisten werden bewundert!

Anfang August 2020 ist im *Handelsblatt* ein Interview erschienen, das zeigt, dass es doch ein bisschen Hoffnung gibt. Die Bewunderung für die großen US-amerikanischen Tech-Konzerne wird nicht von allen geteilt. Der Vorstandsvorsitzende von Hubert Burda Media, Paul-Bernhard Kallen, meinte »Wir müssen eine eigene digitale Infrastruktur aufbauen.«[26] Kallen plädiert für eine digitale Souveränität in Europa. Das ist **eine** Stimme, immerhin eine mutige. Vermutlich werden die US-Konzerne weiter versuchen, ihre monopolartigen Marktpositionen auszunutzen.

Es gibt eine neue Meldung, die den Skandal des Nichtstuns gegen Monopole noch verschärfen wird: Der weltweit größte und mächtigste Datenkonzern, Google, will sich Verlage ins Boot holen. Die Verlage sollen Inhalte zur Verfügung stellen, die Google in einem neuen Nachrichtenformat vorstellen und verbreiten will. Damit wird der Weg frei für ein Supermassenmedium und eine weitere Verschärfung der ohnehin schon festzustellenden Gleichrichtung der etablierten Medien.

Das Projekt soll zunächst in ausgewählten Ländern in Gang gesetzt werden. Darunter ist Deutschland. Mitmachen sollen *der Spiegel*, Zeit online, der *Berliner Tagesspiegel*, die *Rheinische Post* und die *Frankfurter Allgemeine Zeitung*. Arme Demokratie!

6. Drohungen, Kriminalität, delegiert und ausgelagert

Große Kapitalsammelstellen erzielen ihre besonderen Renditen unter anderem dadurch, dass sie auch bei geringer Beteiligung Druck auf Unternehmensführungen ausüben können, damit diese dem Finanzkonzern genehme Entscheidungen treffen. Auf die dahinterstehenden Machtstrukturen wurde schon im

Zusammenhang mit dem Einfluss der großen Finanzkonzerne auf die Unternehmenspolitik deutscher Unternehmen hingewiesen.

Gucken wir uns beispielhaft Mister X an: Mister X, der Chef eines Finanzkonzerns A, ist mit einem geringen Anteil von unter fünf Prozent an einem großen deutschen Unternehmen, Unternehmen B, beteiligt. Für diese Beteiligung bekommt er zwar regelmäßig eine Dividende, aber das reicht ihm nicht. Er möchte seine Beteiligung dazu nutzen, Interna zu erfahren, die ihm bei anderen Geschäften seines Finanzkonzerns A nutzen, und er möchte auch die Unternehmensentscheidungen des Unternehmens B beeinflussen. Also schlägt er, beziehungsweise sein deutscher Ableger, dem Unternehmensleiter des deutschen Unternehmens B vor, dass die Beauftragten des Finanzkonzerns A regelmäßig an Sitzungen wichtiger Kommissionen des Unternehmens teilnehmen dürfen. Um dieser Bitte Nachdruck zu verleihen, hat sich Mister X ein dreistufiges Modell der Unterstützung, man könnte auch sagen der Drohungen, ausgedacht: Erste Stufe: Wenn die Führung des deutschen Unternehmens der Anregung nicht nachkommen will, dann wird damit gedroht, eine PR-Kampagne gegen die Unternehmensleitung zu starten. Wenn das nicht fruchtet, wird als zweite Stufe eine PR-Kampagne gegen das Unternehmen und seinen Ruf gestartet. Wenn auch das nicht fruchtet, wird andeutungsweise damit gedroht, gegen den Unternehmenschef und seine Familie körperliche Gewalt anzuwenden.

Was ich hier schildere, habe ich nicht erfunden. Darauf machte mich ein Leser der NachDenkSeiten aufmerksam, dessen Frau an einer Anlegerkonferenz teilgenommen hat, bei der der ehemalige Chef eines großen deutschen Unternehmens referierte und später im kleinen Kreis von diesem äußerst dunklen Vorgang berichtete.

Ein solches Verfahren ist dann besonders gut möglich, wenn

die eigentlichen Entscheidungszentren weit auseinanderliegen, verschiedene Zwischenstationen eingebaut sind und wenn es außerdem externe Dienstleister wie PR-Agenturen und Handlanger krimineller Taten gibt. Dann ist das alles so weit weg vom eigentlichen Profiteur und Initiator, dass Sanktionen in der Regel nicht mehr möglich sind. Ein weiteres Beispiel wird in Kapitel II. 9. dargelegt.

Der Fall Wirecard zeigt, dass auch hierzulande in den Vorständen großer Firmen zum Teil kriminelle Energie versammelt ist. Bei Wirecard offensichtlich in einem Kreis mehrerer Personen. Im *Handelsblatt* war dazu im Juli 2020 Folgendes zu lesen:

>»Langfristig geplanter Betrug?

Das Handelsblatt sprach in den vergangenen Tagen mit mehreren Insidern, die sich allerdings nur unter großem Vorbehalt äußerten. Mehrere berichteten von Drohungen, denen sie und ihre Familien ausgesetzt gewesen seien, als sie das Unternehmen verließen. […]«[27]

Der Fall zeigt auch, dass es ein Netz von früher aktiven Politikern und Beamten gibt, die in solchen Fällen als Vermittler und Dienstleister auftreten. Im konkreten Fall waren das der gut bekannte Freiherr Karl Theodor von Guttenberg[28] und der frühere Geheimdienstbeauftragte im Bundeskanzleramt, Klaus-Dieter Fritsche[29] – alle wohl gebettet in den Unionsparteien.

Zwischenruf:
Abrechnung mit der Ideologie des Neoliberalismus

Der Knick von 1980 und der Höhenflug der Ungleichheit haben schon angedeutet und belegt, dass die Ideologie des Neoliberalismus Wirkung entfaltet. Einkommen und Vermögen sind seitdem wieder schlechter, ungerechter verteilt.

Was diese Ideologie und die daraus folgende neoliberale Praxis alles angerichtet hat, sollte man zumindest zur Kenntnis nehmen. Hier einige Beispiele:

Man hat uns erzählt, der Staat dürfe keine Schulden machen, auch nicht in kritischen Situationen. Wie abstrus und unsachlich diese Vorstellungen waren, haben die Gläubigen dieser Ideologie dann in der Corona-Krise selbst eingeräumt, de facto, nicht durch ein Eingeständnis. Plötzlich war es überhaupt kein Problem, Schulden zu machen und es war auch angezeigt, zur Rettung von Arbeitsplätzen Geld auszugeben.

Seit den 1980ern wurde privatisiert, was nicht niet- und nagelfest war: Die Deutsche Telekom, die Deutsche Post, die Bundesdruckerei, der Autobahnbau, die Lufthansa, Energieunternehmen und sogar die Wasserversorgung mancher Städte. Dann machte man sich auch an die Deutsche Bahn heran, beließ es dort aber bei einer Teilprivatisierung. Der Bund behielt die 100 Prozent, verfügte aber, dass das Management sich so verhalten könne und solle, als gäbe es die Bundesbeteiligung nicht. Dafür haben wir bitter bezahlt. Chefs der Bahn wie Hartmut Mehdorn kauften in aller Welt Beteiligungen ein, ohne Rücksicht auf die Minderung des eigentlichen Leistungsauftrags, nämlich in Deutschland Schienenverkehr zu organisieren.

Privatisiert wurden auch Teile des sozialen Wohnungsbaus. Kommunen haben reihenweise ihre Restbestände an Sozialwohnungen verscherbelt. In neueren Tagen haben wir dann gemerkt, dass preiswerter Wohnraum fehlt und die finanziell Schwächsten, die ohnehin durch den Ausbau des Niedriglohnsektors geschädigt sind, keine Wohnungen mehr finden und bezahlen können.

Die neoliberal geprägten Ökonomen und Politikberater haben empfohlen zu deregulieren, auch im Bereich des Finanzmarktes. Versuche, die Finanzmärkte zu regulieren, zum Beispiel durch den früheren Bundesfinanzminister Oskar Lafontaine, sind einem Sturm einer von oben gemachten Entrüstung anheimgefallen. Sogar das Londoner Boulevardblatt *Sun* hat sich damals, 1998, über den deutschen Bundesfinanzminister Lafontaine hergemacht. Auch weil die Regulierungsgegner und Befürworter der neoliberal geprägten Deregulierung stärker waren, musste er 1999 sein Amt verlassen.

Die neoliberale Ideologie drängte auf die Flexibilisierung des Arbeitsmarktes – also auf Abbau des Kündigungsschutzes, auf Leiharbeit, auf befristete Arbeitsverhältnisse. Jahrelang wurde gepredigt, wenn es Arbeitslosigkeit gebe, regele der Markt dieses Problem und sorge dafür, dass Menschen wieder Arbeit fänden. Sie müssten nur flexibel genug sein. Das wurde in Deutschland brav so gemacht, begonnen von der Regierung Kohl in der sozialliberalen Koalition der 1980er- und 90er-Jahre und vollendet von Schröder, dem dritten sozialdemokratischen Bundeskanzler in Deutschland. Alle damit befassten Personen und Ideologen haben dann für die Vorgänge von Flexibilisierung, Deregulierung und Privatisierung noch einen schönen Namen gefunden: Reformen. Das ist das Musterbeispiel einer

Umdeutung eines Begriffes mit ursprünglich gutem Ruf und gutem Inhalt. Es hat funktioniert und funktioniert noch immer.

Die Neoliberalen haben die Systeme der sozialen Sicherheit und zugleich auch den Zusammenhalt in unserem Land beschädigt. Die wichtige Arbeitslosenversicherung wurde mit Hartz IV eingedampft. Die noch wichtigere soziale Sicherheit fürs Alter wurde, wie schon beschrieben, teilprivatisiert. An diesem Beispiel kann man auch sehr gut sehen, dass die gesetzliche Regelung um vieles effizienter ist: Der Betrieb der staatlichen Rentenversicherung lässt sich preiswerter organisieren als die private Altersvorsorge. Es fallen zum Beispiel geringe Verwaltungskosten und keine Vertriebs- und Werbekosten an.

Die vermutlich weitreichendste Tat der neoliberalen Bewegung war die Veränderung und Beschädigung der geltenden Werte des Zusammenlebens. Das Glaubensbekenntnis der neoliberalen Bewegung fängt mit dem Satz an: »Jeder ist seines Glückes Schmied.« Und dann steht da im weiteren Text noch: »Der Sozialstaat ist Mist. Er verleitet zum Gebrauch der sozialen Hängematte und mindert die Produktivität der Menschen und unserer Volkswirtschaft.«

So werden wir nach und nach zu einem Volk von Egoisten erzogen. Empathie, Solidarität, gesellschaftlich organisierte Sicherheit für Alter, Krankheit, Arbeitslosigkeit und Pflegebedürftigkeit sind aus einer anderen Welt. Diese Werte gibt es noch. Aber wer sich daran orientiert, ist sehr oft der Dumme und das tut einer Gesellschaft nicht gut. Oft ist diese Art von »Dummheit« weiblich. Eine neoliberal bestimmte Gesellschaft kann nur funktionieren, solange mehrheitlich Frauen unbezahlte oder gering bezahlte Arbeit leisten.

Mit dem Siegeszug der neoliberalen Bewegung ist zugleich etwas Wichtiges verloren gegangen, etwas, was der Sache und der Effizienz der Regeln unseres Zusammenlebens schadet. Es ist das Wissen darum verloren gegangen, dass unser Zusammenleben in einer Gesellschaft guter Regeln bedarf. In der Zeit meines Studiums der Wirtschafts- und Gesellschaftswissenschaften nannte man das »Social-Technique«.

Den meisten Menschen ist wahrscheinlich gar nicht bewusst, wie sehr unser Zusammenleben von diesen Sozialtechniken geprägt ist. Es fängt ganz einfach an: Jeder, der ein Auto anmelden will, muss eine Haftpflichtversicherung abschließen und einen Deckungsschein vorlegen. Das ist uns schon so geläufig, dass wir gar nicht mehr bedenken, dass das eine gut ausgedachte Sozialtechnik ist. Noch einfacher: Dass wir rechts fahren, ist eine ebensolche Technik. Dass wir fast alle eine Krankenkasse abschließen und dass wir uns vor über 130 Jahren darauf verständigt haben, dass es eine gesetzliche Verpflichtung zur Altersvorsorge geben soll.

Man war auch so einsichtig, unbefristete Arbeitsverträge abzuschließen und Kündigungsschutz vorzusehen, übrigens auch bei Wohnungen.

Außerdem gab es und gibt es Überlegungen für eine Social-Technique zu Begrenzung und zum Kampf gegen die Spekulation mit Grund und Boden sowie Wohnungen. Ich selbst habe mit Freunden zusammen in den 1960er-Jahren am Vorschlag für eine Bodenwertzuwachssteuer, auch auf nicht realisierte Gewinne, gearbeitet. Umsetzen konnten wir dieses Projekt bisher nicht. Eigentlich schade. Es wäre notwendig gewesen und ist es heute um vieles mehr.

Eine vernünftige Social-Technique ist auch die Ökosteuer, also eine Steuer oder Abgabe auf Güter und Produktionen, die Umweltschäden verursachen. An diesem Fall kann man zeigen, wie solche Überlegungen auf theoretischen Überlegungen einschlägiger Wissenschaft beruhen. In der Nationalökonomie gab es schon vor einem Jahrhundert Arbeiten über sogenannte externe Effekte, positiver und negativer Art, in der damaligen Fachliteratur external economies und external diseconomies genannt. In die Praxis übersetzt: Der Straßenverkehr verursacht in einer Ausfallstraße Schäden bei den Anwohnern. Sie müssen den Lärm und den Dreck aushalten, der von den Pkws und Lkws verursacht wird. Deshalb wäre es sachlich gerechtfertigt, dass die Verkehrsteilnehmer eine Abgabe zahlen und die Anwohner eine Entschädigung enthalten.

So genau kann man das natürlich nicht berechnen und verordnen, aber annähernd geht das schon. Die zugrunde liegenden Überlegungen sind die gedankliche Basis der Ökosteuer, der Kraftfahrzeugsteuer und Mineralölsteuer.

In den Instrumentenkasten der Neoliberalen passt das alles irgendwie nicht. Auch aus diesem Grund wäre es an der Zeit, mit der neoliberalen Ideologie Schluss zu machen.

Tatsächlich sind wir weit davon entfernt. Der Neoliberalismus hat zwar vielen geschadet, ist eigentlich objektiv betrachtet am Ende und passt nicht zu unserem Grundgesetz. Doch seine Theorien werden immer noch geglaubt und seine Empfehlungen werden immer noch gelehrt und auch umgesetzt. Ein Tag bevor ich diese Zeilen schreibe, konnte man ein neues Beispiel dafür im Fernsehen sehen. Zu den geplanten Corona-Krediten erklärte der niederländische Ministerpräsident, dass sein Land und die anderen Gegner und Kritiker von Zahlungen für Kredite als Gegenleistung »Reformen« erwarten. Die Kredite sollen etwa an die besonders von der Corona-Pandemie betroffenen südlichen Länder Italien und Spanien gehen. Mit Reformen sind jene Forderungen gemeint, die wir aus dem Instrumentenkasten der neoliberalen Bewegung kennen: Deregulierung, Privatisierung, Streichung sozialer Leistungen, Schnitte ins soziale Netz.

Auch der europäische Beschluss zur Privatisierung der Altersvorsorge und die Warnungen der Regierenden vor staatlicher Mitsprache, wenn Unternehmen wie die Lufthansa mit staatlichem Geld und staatlicher Beteiligung gerettet werden, sind Zeichen dafür, dass der neoliberale Geist weiter herrscht. Deregulierung, Privatisierung, Entstaatlichung – das ziert nach wie vor das Vaterunser unserer obersten Ideologen. Fortschritt? Rückschritt!!! Und keine Reflexion, kein Nachdenken über diese falschen Wege.

7. Spekulationen gehören ins Casino

Unser Kapital- und Immobilienmarkt wird in einem beachtlich großen Maß von Spekulationen und Spekulanten sowie den dafür eigens geschaffenen Papieren beschickt und befeuert.

Die großen Kapitalsammelstellen, die Hedgefonds, die Privat Equity-Gruppen und andere Finanzmarktakteure versuchen, Aktienkurse zu bewegen und damit für sich Vorteile herauszuholen, die ein einzelner Sparer und Aktionär nie erzielen könnte. Auch deshalb gibt es so unterschiedliche Renditen zwischen den Geldanlagen der Milliardäre und jenen des normalen Bürgers mit kleinem Vermögen.[30]

Spekulationen ziehen sich wie ein roter Faden durch die jüngere Wirtschaftsgeschichte, übrigens deutlich erkennbar auch mit einer Zäsur nach 1980.

Die hier wiedergegebene Abbildung zeigt die Entwicklung der DAX 30-Aktienkurse zwischen 1959 und 2020:

Wir sehen einen interessanten Verlauf: Bis 1982 gab es leichte Schwankungen und keine bemerkenswerten Kursausschläge. In der Zeit zwischen 1982 und 1997 gab es schon deutlich erkennbare Steigerungen und Schwankungen. Von 1996 bis 1999 explodierten die DAX 30-Kurse fast auf das Vierfache. Dann sanken sie bis 2003 bis auf circa ein Drittel. Danach ging's wieder aufwärts bis zur Finanzkrise 2007/2008, zunächst fiel der Kurs und stieg dann mit zwischenzeitlichen Schwankungen auf ein extrem hohes Niveau – vermutlich gut gefüttert von der Nullzinspolitik.

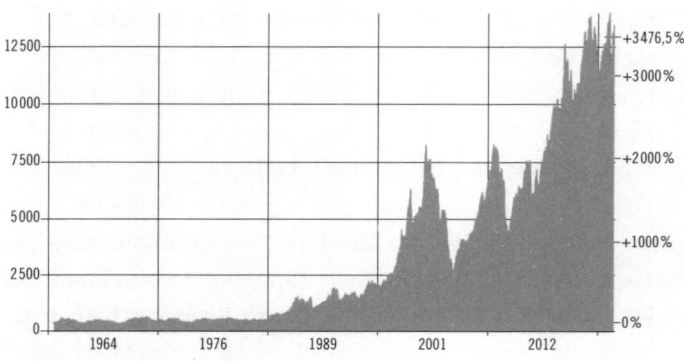

www.finanzen.net/index/dax/seit1959

Bemerkenswert an dieser Entwicklung auf dem Aktienmarkt, repräsentiert durch DAX 30, ist zum einen die immerhin einige Jahrzehnte während, ruhige Entwicklung ohne große Ausschläge. Das war die Zeit, in der man, wenn man ein bisschen Geld übrig hatte, überlegen konnte, ob man es auf einem Sparbuch, in Staatsanleihen, in Industrieanlagen oder in Aktien anlegen wollte. Spekulation spielte keine dominante Rolle. Die Periode gehört zugleich zur Zeit des sogenannten Wirtschaftswunders. Das deutet darauf hin, dass es ohne große Spekulation auf den Aktienmärkten volkswirtschaftlich ganz gut lief.

Ebenfalls bemerkenswert ist das später völlig veränderte Bild. Und wie bei der Verteilung der Einkommen und Vermögen gibt es eine Art Zäsur in den 1980er- und 90er-Jahren des letzten Jahrhunderts.

Die besonders markante Zäsur in der zweiten Hälfte der 1990er-Jahre ist nicht Folge einer besonderen wirtschaftspoliti-

60 Das Zeitalter der Restauration

schen oder gesellschaftspolitischen Wertschätzung des Geschehens auf dem Aktienmarkt. Die Veränderungen gründeten auf einer Reihe von Fehleinschätzungen und massiver Propaganda für die Anlage in Wertpapieren; sie waren in Deutschland noch kombiniert mit einer forcierten Privatisierungspolitik:

Ausgangs der 1990er-Jahre erfanden die neoliberal geprägten Meinungsmacher die New Economy und an der Börse den Neuen Markt. Diesen Parolen und auch der Einrichtung des besonderen Segmentes Neuer Markt an der Börse lag die Vorstellung zugrunde, mit der IT-Technik und dem damit beschäftigten Wirtschaftszweig sei der Volkswirtschaft ein qualitativ neues Element hinzugewachsen. Damals gingen reihenweise neue junge Unternehmen an die Börse – sogenannten Startups –, unterstützt von massiver Propaganda auch auf Seiten der Politik, der Wissenschaft, zum Beispiel des Sachverständigenrates zur Begutachtung der gesamtwirtschaftlichen Entwicklung und der Medien. Einige der damals an die Börse gegangenen Unternehmen überlebten, andere erwiesen sich als Strohfeuer.[31]

Auch von prominenter Seite war zu hören, mit den steigenden Aktienkursen würden Werte geschaffen. Als die Kurse zusammenbrachen, meinte etwa der deutsche Bundeskanzler Schröder, dabei seien Werte vernichtet worden.

Inzwischen hat sich die New Economy verflüchtigt und den Neuen Markt gibt's auch nicht mehr. Aber bei dem Vorgang ist eine Menge Geld umverteilt worden. Volkswirtschaftlich betrachtet sind diese Vorgänge nahezu ohne Wert.

An einem praktischen Beispiel soll noch gezeigt werden, welche Blüten die Spekulation trieb und welche Rolle die Propaganda bei der damals in Zeiten der Regierung Kohl angesagten Privatisierung öffentlicher Unternehmen spielte. 1996 wurde die Deutsche Telekom privatisiert. Da wurde dann amtlich verkündet, dass dies eine Aktie sei, die es sich anzuschaffen lohne. Unter Mithilfe des Schauspielers Manfred Krug wurde die Stimmung angeheizt.[32] Die Deutsche Telekom hat rund 100 Millionen Mark in Werbung für den Börsengang der Aktie gesteckt. Der Emissionspreis lag bei 28,50 Mark (14,57 Euro) und stieg dann kräftig an bis auf 103,50 Euro am 6. März 2000. 2001 sackte der Kurs der Aktie auf unter 20 Euro ab. Am 28. Juli 2020 lag er bei 14,70 Euro.

Unter dem Eindruck der Werbung und eines ungeheuren Tamtams mit Vertretern von Banken und Politik hatten tausende von Kleinanlegern Telekom-Aktien gekauft. Für die meisten war das ein Verlustgeschäft.

Dieses Beispiel ist deshalb interessant, weil sichtbar wird, wie wichtig die Werbung für Spekulationen ist. Der Kurs und damit der vermutete Wert eines Unternehmens können sich vom tatsächlichen Wert weit weg entwickeln, wenn die Propaganda durch kommerzielle Werbung und durch eine entsprechende Berichterstattung wichtiger Medien entsprechend intensiv und im Sinne der Kursentwicklung gut ist. Mit einer an der volkswirtschaftlichen Wertschöpfung orientierten Bewertung von Unternehmen hat das wenig zu tun.

Ein anderes Beispiel für die Bedeutung der Spekulation für die Kursentwicklung und am Ende auch für eine Umverteilung ist der Fall Wirecard. Der sichtbar gewordene Betrug wäre ohne Spekulationen, die wiederum von Propaganda angeheizt worden waren, nicht möglich gewesen.

Wirecard war durch Spekulation und entsprechende Börsenumsätze und Kursentwicklung ein so wertvolles Unternehmen geworden, dass es 2018 in den DAX 30 aufgenommen wurde. Die damit verbundene und durch Spekulationen forcierte Wertschätzung platzte wie ein Luftballon. Im Juni 2020 gestand Wirecard ein, dass Aktiva über 1,9 Milliarden Euro in ihrer Bilanz nicht zu belegen sind. Viele Anleger sind auf die gezielte Informationspolitik und den wachsenden Erfolg an der

Börse hereingefallen. Was soll der Sinn der Spekulation mit der Aktie eines solchen Unternehmens sein, darf man wohl fragen? Die Bundesregierung hat noch 2020 nichts von diesem Betrug gemerkt, obwohl es Warnungen gab. Die Bundeskanzlerin höchstpersönlich hat anlässlich eines China-Besuchs dort für Wirecard geworben.[33]

Auch die Preise auf dem Markt für Immobilien werden über weite Strecken nicht von ihrer Nutzungsmöglichkeit geprägt, sondern von Spekulationen. Weil Grund und Boden nicht vermehrbar sind und weil die darauf errichteten Gebäude auch nur mit Zeitverzögerung vermehrt werden können, sind die Immobilienpreise mehrheitlich das Ergebnis von Spekulationen. Das war übrigens auch schon früher so, zum Beispiel in den 1960er-Jahren. Damals gab es angesichts des Booms des Wohnungsbaus in den Städten und am Rande unserer Großstädte einen gewaltigen Spekulationsschub. Leute wurden reich, nur weil sie zufällig Eigentum in den Randlagen unserer Großstädte hatten. Ohne einen Finger gekrümmt zu haben. Und wie immer bei Spekulation war es auch damals so, dass andere dafür bezahlen mussten. Es war schwierig, preiswerte Wohnungen zur Verfügung zu stellen, und die Planung der Städte wurde immer wieder durch Spekulationen unterlaufen.

In der Finanzkrise der Jahre 2007 bis 2009 wurde gegen Länder im Süden Europas spekuliert. Es war deshalb oft nicht möglich, eine Politik zu machen, die den sozialen Interessen der Menschen diente. Das galt für Griechenland, für Italien und ebenso für Spanien. Generell kann man wohl sagen: Wer im sozialen Sinne fortschrittlich wählt, läuft Gefahr, dafür mit Missachtung des politischen Willens bestraft zu werden. Sarkastisch könnte man anfügen: Spekulanten gehen vor Demokraten, Spekulation rangiert vor Demokratie. Rückschritt!

Die berühmte Hypothekenkrise in den USA, die im Jahr 2007 aufbrach, war zum großen Teil von Spekulationen angefeuert worden. Die Immobilien wurden zu Preisen beliehen, die mit den realen Preisen nicht mehr viel zu tun hatten. Diese Hypotheken wurden dann gebündelt, schön verpackt und weiterverkauft. Das war möglich, weil es Spekulanten gab, die sich auf dieses Spiel einließen. Darunter die IKB, die Deutsche Industriebank. Und was war am Ende? Wir deutschen Steuerzahler haben die Spekulanten, die über die IKB tätig waren, mit zehn Milliarden Euro Steuergeld gerettet. Siehe Kapitel II. 2.

Zehntausende Menschen sind in diesem Wirtschaftssektor tätig – auf dem Kapitalmarkt, in Börsen, in Banken, in speziellen Versicherungen. Über weite Strecken hat ihre Tätigkeit nichts mehr mit der Lösung von Problemen unserer Welt zu tun. Das sind vergeudete Ressourcen, noch dazu oft hochbezahlte Ressourcen. Eine wirkliche Wertschöpfung findet in diesem Sektor nicht statt. Es ist ein großes Casino. Es kann aber nicht die Aufgabe einer Gesellschaft sein, solche Casinos zum Nutzen einiger weniger zu betreiben. Das sieht der Bundesbankpräsident Jens Weidmann wie zu erwarten ganz anders.[34]

8. Kriege sind der Ernstfall. Ein wirklicher Rückfall

Wir hatten einmal einen Bundespräsidenten, der zu Beginn des historischen und gelungenen Versuchs, die Konfrontation in Europa durch eine neue Friedenspolitik abzulösen, anmerkte, der Frieden und nicht der Krieg sei der Ernstfall. Was der neugewählte Bundespräsident Gustav Heinemann dazu bei seiner Antrittsrede 1969 sagte, macht deutlich, wie sehr unsere Lage und der Geist, der die Außen- und Sicherheitspolitik bestimmt, in den letzten Jahrzehnten zum Schlechteren verändert worden sind. Heinemann sagte damals:

»Ich sehe als erstes die Verpflichtung, dem Frieden zu dienen. Nicht der Krieg ist der Ernstfall, in dem der Mann sich zu bewähren habe, wie meine Generation in der kaiserlichen Zeit auf den Schulbänken lernte, sondern der Frieden ist der Ernstfall, in dem wir alle uns zu bewähren haben. Hinter dem Frieden gibt es keine Existenz mehr.

24 Jahre nach dem Zweiten Weltkrieg stehen wir immer noch vor der Aufgabe, uns auch mit den östlichen Nachbarn zu verständigen. Das allseitige Gespräch über einen gesicherten Frieden in ganz Europa ist fällig und muss kommen. Mit dem deutschen Volk, dem Deutschen Bundestag und der Bundesregierung weiß ich mich einig in dem Willen zum Frieden. Ich appelliere an die Verantwortung in den Blöcken und an die Mächte, ihre Zuversicht auf Sicherheit nicht im Wettlauf der Rüstungen, sondern in der Begegnung zu gemeinsamer Abrüstung und Rüstungsbegrenzung zu suchen. [*Beifall*] Abrüstung erfordert Vertrauen. Vertrauen kann nicht befohlen werden; und doch ist auch richtig, daß Vertrauen nur der erwirbt, der Vertrauen zu schenken bereit ist.«[35]

Die beiden letzten Sätze könnten heute wieder so und genauso treffend und einschlägig formuliert werden. Denn wir sind genau dahin zurückgefallen, wo wir in den 1950er- und 60er-Jahren waren: Konfrontation, Misstrauen, sogar die Neigung, Kriege zu führen, also nicht nur abzuschrecken und zu drohen. Das ist ein wirklicher Rückschritt, faktisch und konzeptionell.

Es hatte Ende des Zweiten Weltkrieges noch hoffnungsvoll begonnen. »Nie wieder Krieg« war damals die Parole. Dann aber wurde der westliche Teil des geteilten Deutschlands in die NATO integriert und Westdeutschland wurde aufgerüstet – Wiederbewaffnung nannte man das damals – und es begann der unselige Kalte Krieg bis hin zum Mauerbau 1961.

Dieses Ereignis führte zu einer Denkpause. Bei den konservativen Parteien, also bei CDU und CSU, dauerte es. Sie waren trotz des Offenbarungseids der damaligen Sicherheitspolitik, die mit dem Mauerbau sichtbar wurde, zunächst nicht zu einer Revision ihrer Konfrontations- und Kalten-Kriegs-Position bereit. Aber der Offenbarungseid der bisherigen »Kalten-Kriegs-Politik« erweiterte den politischen Spielraum jener politischen Kräfte und Personen, die schon in den 1950er-Jahren über eine andere Konzeption der Außen- und Sicherheitspolitik nachdachten. Das waren vor allem Sozialdemokraten unterstützt von einigen Personen in Verbänden, Gewerkschaften und Kirchen. Und ab der Großen Koalition, die von 1966 bis 1969 Deutschland regierte, konnten die Anführer der neuen Politik, also Willy Brandt, Gustav Heinemann, Egon Bahr, Herbert Wehner, Helmut Schmidt und andere Sozialdemokraten und auch einige Freidemokraten an die Verwirklichung einer anderen Außen- und Sicherheitspolitik denken.

Nachzutragen bleibt: Für ein friedliches Zusammenleben plädierten schon in den 1950er-Jahren auch die meisten Kommunisten in West- und Ostdeutschland.

Heinemann wurde im März 1969 zum Bundespräsidenten gewählt – von einer Koalition aus SPD- und FDP-Abgeordneten in der Bundesversammlung. Diese Koalition schaffte dann auch den politischen Wechsel bei der Bundestagswahl im September 1969. Der neue Bundeskanzler Brandt sprach in seiner ersten Regierungserklärung am 28. Oktober den entscheidenden Satz, der sowohl einen Richtungswechsel bei der Außenpolitik als auch einen zugrundeliegenden konzeptionellen Wechsel der Politik im Verhältnis zu anderen Völkern darstellte. »Wir wollen ein Volk der guten Nachbarn sein«[36] war einer der Kernsätze. Das lag voll auf der Linie der zitierten Äußerung des Bundespräsidenten. Dann wurden – beginnend schon im folgenden Jahr – Verträge mit den östlichen Nachbarn abgeschlossen – mit Moskau, mit Warschau, mit Prag. Gewaltverzichtsversprechen waren der Kern dieser Verträge, zudem Zusammenarbeit sowie wirtschaftlicher und sozialer und kultureller Austausch.

1975 folgte die KSZE, damals traf man sich in Helsinki. Die Konferenz enthält schon in der Bezeichnung die Wegmarken der eingeschlagenen Politik: Sicherheit und Zusammenarbeit, man könnte auch sagen Sicherheit durch Zusammenarbeit.

Die neue Ostpolitik – die viele Namen hatte: Vertragspolitik, Friedenspolitik, Verständigungspolitik, Versöhnungspolitik – gipfelte 1989 im Fall der Mauer und 1990 im Vertrag über die deutsche Einheit und in der Charta von Paris. Man verabredete damals, gemeinsam an der Sicherheit zu arbeiten, also nicht gegeneinander zu rüsten, sondern abzurüsten und sich zu verständigen.

Der damalige deutsche Bundeskanzler Helmut Kohl und der Generalsekretär der Kommunistischen Partei der Sowjetunion (KPdSU) Michail Gorbatschow haben sich ausgesprochen gut verstanden.

Auch das am 20. Dezember 1990 beschlossene Berliner Grundsatzprogramm der SPD zeigt, wie weit wir damals waren. Ich zitiere aus dem Kapitel »III. Frieden in gemeinsamer Sicherheit«:

»Aufgabe Frieden
Die Menschheit kann nur noch gemeinsam überleben oder gemeinsam untergehen. […]

Friedenspolitik muss die Vorherrschaft militärischer, bürokratischer und rüstungswirtschaftlicher Interessen brechen und Rüstungsproduktion in die Produktion ziviler Güter überführen. […]

Gemeinsame Sicherheit

»Ost und West« haben den Versuch, Sicherheit gegeneinander zu errüsten, mit immer mehr Unsicherheit für alle bezahlt. […]

Unser Ziel ist es, die Militärbündnisse durch eine europäische Friedensordnung abzulösen […]

Dies eröffnet auch die Perspektive für das Ende der Stationierung amerikanischer und sowjetischer Streitkräfte außerhalb ihrer Territorien in Europa […]

Die Bundeswehr hat ihren Platz im Konzept gemeinsamer Sicherheit. Sie hat ausschließlich der Landesverteidigung zu dienen. Ihr Auftrag ist Kriegsverhütung durch Verteidigungsfähigkeit bei struktureller Angriffsunfähigkeit. Die Struktur der Bundeswehr muss den Abrüstungsprozess unterstützen und fördern.«

Man könnte die Forderungen und Vorschläge des Berliner Programms der SPD von 1990 direkt auf heute übertragen. Sie wären wichtige und richtige Wegmarken einer neuen Friedenspolitik. Aber die Welt wurde inzwischen völlig verändert und auch die SPD hat sich angepasst: Die Idee von der gemeinsamen Sicherheit gilt noch zwischen den westlichen Partnern, aber sie gilt nicht mehr im Verhältnis zu Russland und auch nicht im Verhältnis zu China.

Im Verhältnis zu diesen und einigen anderen »Feindstaaten« ist man zurückgekehrt zu den Rezepten des Kalten Krieges der 1950er-Jahre. Bei der amtierenden CDU-Vorsitzenden und Verteidigungsministerin Annegret Kramp-Karrenbauer kann man das nachhören und nachlesen: Sie spricht von »Abschreckung« und von der »Politik der Stärke«. Das waren die Formeln und Konzepte, mit denen wir uns als Schüler und Studenten Ende der 1950er-Jahre in Auseinandersetzungen mit der Jungen Union und der Schüler Union herumgeschlagen haben. Ich muss gestehen, dass ich wirklich dachte, diese Zeiten seien überwunden. Eigentlich dachte ich, wir seien schon viel weiter. Stattdessen haben wir es mit Restauration und Rückschritt zu tun.

Der faktische Rückschritt:
Wir rüsten nicht ab, sondern auf. Hier bei uns in der NATO, in Russland und in vielen anderen Ländern. Von Friedensdividende, wie man im Anschluss an die Verständigung des Jahres 1990 meinte, keine Spur.

Der INF-Vertrag zum Verzicht auf landgestützte Mittelstreckensysteme wurde 2018 von den USA gekündigt. Russland zieht nach. Wiederaufrüstung statt Abrüstung.

Die NATO wurde nicht durch eine europäische Friedensordnung abgelöst, sie wurde bis an die Grenze Russlands ausgedehnt.

Das Militärbündnis NATO dient nicht der Kriegsverhütung. Es führte und führt Kriege – gegen Restjugoslawien, im Irak, in Syrien, in Afghanistan, in Afrika – und richtet sich jetzt sogar auf eine Konfrontation mit China ein. Jens Stoltenberg, der NATO-Generalsekretär, sagte beispielsweise: »China investiert stark in Nuklearwaffen und Langstreckenraketen, die Europa erreichen können. Die Nato-Verbündeten müssen sich gemeinsam dieser Herausforderung stellen.«[37] Ist das die notwendige friedenspolitische Linie? Ist das vernünftige Sicherheitspolitik?

Das konzeptionelle Versprechen, die Bundeswehr diene ausschließlich der Landesverteidigung, ist gebrochen worden. Auch die Bundeswehr ist in Interventionskriege des Westens verstrickt. Und wenn die Rechtfertigung verschiedener Art nicht reicht, dann erfindet man blumige Begründungen wie jene von Peter Struck, des ehemaligen Verteidigungsministers, unsere Sicherheit werde auch am Hindukusch verteidigt.[38]

Deutschland ist nach wie vor eine wichtige militärische Basis anderer Staaten, vor allem der USA. Wir sind das Aufmarschgebiet für Manöver, die bis an die russische Grenze reichen. Wir sind das Übungsgebiet für die Lufteinsätze von NATO-Flugzeugen. Während ich diesen Text schreibe, üben über meinem Kopf alliierte Verbände den Luftkampf. Nicht weit von hier, 80 Kilometer im Nordwesten, in Ramstein, ist eine der großen militärischen Basen der USA. Von dort wird auch der Drohnenkrieg vermittelnd gesteuert. Nicht weit davon entfernt, in Landstuhl, wird das zweitgrößte Militärkrankenhaus der USA gebaut. Und wir Deutschen zahlen einen Teil der Kosten. 100 Kilometer östlich von hier befindet sich in Stuttgart das Hauptquartier der USA für Militäreinsätze in Europa, für Afrika und den asiatischen Teil Russlands. Weiter im Norden meines Bundeslandes Rheinland-Pfalz sind US-amerikanische Atombomben stationiert und werden modernisiert. Bundeswehrflugzeuge sollen sie im Konfliktfall hinter die feindlichen Linien transportieren.

Von deutschen Politikern und von vielen deutschen Medien wird der Konflikt mit Russland angeheizt. Systematisch wird das Feindbild aufgebaut, insbesondere das Feindbild Putin.

Wir alle bezahlen für den Rückschritt: Die erwähnte Friedensdividende fällt aus, auch deutsche Soldaten sterben wieder und, was mit das Schlimmste ist: Mit den vom Westen geführten Kriegen werden die Wohnungen und die Arbeitsstätten von Millionen von Menschen zerstört. Sie werden heimatlos. Sie versuchen ihr Glück woanders, soweit sie überlebt haben. Die Zahl der sogenannten gescheiterten Staaten und die Zahl der Flüchtlinge wächst. Kriege sind die Hauptursache dafür, dass Menschen ihre Heimat verlassen und fliehen und Hilfe und Heimat woanders suchen.

Das Bedrohliche: Die Kriegsgefahr wächst auch hierzulande. Deutschland ist zentral gefährdet, wenn es zum Konflikt zwischen Ost und West, zwischen Russland und dem Westen kommen sollte. Und die Gefahr eines Krieges ist ganz und gar nicht auszuschließen. Nur Ignoranten und Träumer tun das.

Schon einmal bestand die Gefahr einer kriegerischen und auch atomaren Auseinandersetzung. 1983 hat der russische Oberstleutnant Stanislaw Petrow die Knöpfe nicht gedrückt, obwohl es angezeigt und er dazu verpflichtet gewesen wäre.[39]

Die Kriegsgefahr ist größer geworden. Das will ich an zehn Punkten, an zehn Risiken für den Frieden, sichtbar machen:

1. Werbung für den militärischen Einsatz, Kriegstreiberei ist wieder hoffähig geworden. Kriege zu führen wird als selbstverständlicher Teil der Politik betrachtet.

2. Es gibt unter den Menschen geringeren Widerstand gegen Kriege. Das hat viel damit zu tun, dass die meisten heute lebenden Menschen keine unmittelbare Kriegserfahrung mehr haben, nicht mehr haben können. Die Älteren unter ihnen haben vermutlich Verwandte und Freunde verloren im letzten Krieg oder sie haben Kriegseinsätze unmittelbar erlebt. Ich bin in einem Dorf aufgewachsen, dessen Bahnhof ein Knotenpunkt auf einer Strecke zu einer V2-Produktion war. Wir waren ständig Angriffen von Jagdbombern ausgesetzt. Es gab Tote. Das prägt. Die Kriegserfahrung unserer heute Sechsjährigen ist eine ganz andere: eine elektronische beim Spiel, eine spannende, oft eine siegreiche. Das prägt auch.

3. Kriege werden tatsächlich geführt. Die Scheu ist abhandengekommen. Bei Journalisten und Journalistinnen, bei Politikern und Politikerinnen und auch bei Militärs: »Die USA sind bereit, gegen Russland in Europa zu kämpfen und es zu besiegen«, erklärte der Supreme Allied Commander Europe (SACEUR), US-General Philip Breedlove,

in einer Anhörung des US-Repräsentantenhauses im Februar 2016. Das hat in der anerkannten Öffentlichkeit in Deutschland kein Echo, auch keinen Protest ausgelöst.

4. Die Regime Change-Absichten der USA sind höchst gefährlich, gerade wenn sie wie im Falle der Ukraine ein Land in der Nähe Russlands betreffen oder Russland selbst. Diese Absicht ist erkennbar, sie kann konkreter werden und dann kann sie noch gefährlicher werden.

5. Überall wird an neuen Feindbildern gestrickt. Es wird personalisiert. Putin ist an allem schuld, in Syrien Assad.

6. Und das Volk ist müde geworden. Das ist verständlich. Der Betrug an uns und unseren Erwartungen und Leistungen zur Beendigung der Konflikte in Europa hat ja wohl bei der Mehrheit der Menschen den Eindruck hinterlassen, dass man eh nichts machen kann, dass die Politik von den Oberen bestimmt wird, dass die Rüstungswirtschaft Einfluss auf politische Entscheidungen hat und damit auch auf Kriege.

7. Die USA sind weit weg. Die zitierte Äußerung des Generals der USA lautet ja nicht zufällig: »Die USA sind bereit, gegen Russland in Europa zu kämpfen und es zu besiegen.« Wenn der General angedeutet hätte, dass dieser Krieg auch in den USA selbst geführt werden könnte, wäre er im Ausschuss des Repräsentantenhauses vermutlich nicht freundlich aufgenommen worden.

8. Im heutigen Ost-West-Konflikt gibt es viele verschiedene Akteure und es gibt viele Gelegenheiten und Möglichkeiten, an denen sich Spannungen entzünden können. Die baltischen Staaten, die Ukraine, die Balkanstaaten, die Rüstungswirtschaft bei uns, in den USA, in Großbritannien, irgendwelche rechts konservativ denkenden Funktionäre – sie alle können die Ursache von kleinen und größer werdenden Konflikten werden.

9. Es gibt russische Minderheiten in mehreren möglichen Konfliktregionen.
10. Es ist nicht auszuschließen, sondern eher wahrscheinlich, dass sich auf mittlere Sicht innerhalb möglicher Kriegsparteien kriegslüsterne oder auch nur kriegsbereite Personen und Gruppen durchsetzen. Das kann in den USA passieren. Das kann in Dänemark, in Polen, in den baltischen Staaten oder sonst wo passieren. Und auch in Russland. So wie wir erfolgreich darauf setzen konnten, dass die Strategie des »Wandel durch Annäherung« dazu führen könnte und wird, dass sich in Russland und im Warschauer Pakt Kräfte durchsetzen, die Konflikte friedlich lösen wollen und auf gemeinsame Sicherheit in Europa setzen, so kann umgekehrt die neue Konfrontation zu inneren Veränderungen in Russland führen, die uns dem heißen Konflikt näher bringen.

Mit der Beschreibung dieser zehn Risiken für den Frieden will ich nicht Angst machen. Ich will ein realistisches Bild von der veränderten Situation zeichnen. Es gibt so viele verschiedene Spieler in den heutigen Auseinandersetzungen und die Wirklichkeit der Welt ist so stark von militärischen Aktionen geprägt, dass es ganz und gar nicht abwegig ist, die Wahrscheinlichkeit eines großen Krieges für hoch zu halten.

Der konzeptionelle Rückschritt
Die zuvor beschriebenen Elemente der eingetretenen Restauration in der Friedenspolitik sind ja schon beunruhigend genug. Hinzu kommt die konzeptionelle Veränderung, die seit 1990 Platz gegriffen hat. Es herrscht ein anderer, ein reaktionärer Geist beim Umgang mit anderen Völkern. Das ist nicht neu und es ist ganz und gar nicht die Ausnahme. Ausnahmen waren Personen wie Willy Brandt, Gustav Hei-

nemann, Egon Bahr, Olof Palme und andere ähnlich denkende Menschen.

Nehmen Sie die praktische Politik in den Zeiten des Kalten Krieges. Da dachte man so, wie konservative, reaktionäre, nationalistisch gesonnene Personen denken: Andere Völker sind Konkurrenten, sie wollen einem ans Leder, sie verstehen vor allem die Sprache der Macht und der Drohung. In den Zeiten des Kalten Krieges hießen die Parolen wie schon erwähnt: Abschreckung und Politik der Stärke. Als Brandt für die Außen- und Sicherheitspolitik verantwortlich war, wurde dieser Geist abgelöst durch den Geist der Partnerschaft, des Sich-Vertragens, des Versöhnens, der Vertrauensbildung und auch der Vorleistung, wenn das der Vertrauensbildung und Verständigung diente.

Ja, wenn man das Vertrauen der Völker und der politischen Führungen in den Staaten, mit denen man bisher im Kalten Krieg lebte, gewinnen wollte, dann musste man notfalls auch Vorleistungen erbringen. Das hieß konkret in der damaligen Situation: Die deutsche politische Führung musste, um mit Polen und damit mit dem gesamten Ostblock ins Gespräch zu kommen, die am Ende des Zweiten Weltkriegs gezogene Ostgrenze, die Oder-Neiße-Grenze, anerkennen. Das war in Deutschland ungemein schwer durchzusetzen, weil damit Regionen, die die Heimat von Flüchtlingen und Vertriebenen waren und die in den Augen vieler Deutscher als Deutsch galten, aufgegeben wurden.

Aber den Verantwortlichen und den einsichtigen und zukunftsgewandten Personen in der deutschen Öffentlichkeit war klar, dass die sogenannten Ostgebiete nicht durch die Bundesregierung, die die Oder-Neiße-Grenze anerkannte, verschenkt wurden, sondern de facto von Hitler-Deutschland verspielt worden waren. Das war schwer zu erklären und dennoch hat der damalige Bundeskanzler Brandt trotz dieser

Hypothek bei der nächsten Bundestagswahl eine überzeugende Mehrheit für seine Politik gewonnen. Die Friedenspolitik und die Versöhnungspolitik waren also nicht nur sachlich richtig, sie fanden auch die Zustimmung der Mehrheit unseres Volkes. Allerdings nach einem harten Kampf.

Entscheidend im Kontext dieser Erörterung ist der andere Geist, der damals die Außenpolitik und die Sicherheitspolitik bestimmte: Andere Völker wurden nicht als Konkurrenten oder gar Gegner gesehen, sondern als Partner. Außen- und Sicherheitspolitik beschränkte sich nicht auf ein »do ut des« –: ›ich gebe dir dann etwas, wenn du mir etwas gibst‹. Dieser Geist ist der »klassischer Geist einer konservativen und reaktionären sowie auf de kurzsichtigen Vorteil bedachten Außenpolitik«.

Die damalige Regierung setzte auf Partnerschaft und Freundschaft statt auf Konfrontation und Feindseligkeit.

Wo ist dieser Geist geblieben? Er wäre dringend nötig, wenn wir heute die schon wieder gewachsene Konfrontation zu Russland und die neu konzipierte Konfrontation mit China umkehren wollten. Aber dieser Geist ist weit und breit nicht aufzuspüren – weder bei der amtierenden Bundesregierung unter der Kanzlerin Merkel noch bei der Mehrheit der SPD-Fraktion oder den Grünen. Restauration, Reaktion, wachsender Nationalismus.

Im Mai 2020 betont Horst Teltschik, der frühere außenpolitische Berater von Kohl, in einem Interview: »Politik muss immer ein Dual Base sein. Nach dem Motto: Wenn du Schritte in die richtige Richtung machst, bin auch ich bereit, Schritte zu machen.«[40]

Wenn Brandt und seine Mitstreiter 1969 diesem sicherheitspolitischen Konzept gefolgt wären, dann wäre die damalige entspannungspolitische Offensive mit aller Wahrscheinlichkeit stecken geblieben. An dieser Äußerung von Teltschik bestätigt sich auch mein sonstiger Eindruck, dass trotz aller Verdienste dieses Mitarbeiters von Kohl und von Bundeskanzler Kohl selbst in der Endphase der Entspannungspolitik dieser jetzt bei Teltschik erkennbare Geist den Einstieg und den eigentlichen Fortschritt der damaligen Friedenspolitik nicht gebracht hätte. Auch an diesem Zitat wird deutlich, dass Helmut Kohl, der Einheitskanzler, wie es heißt, geerntet hat, was andere vor ihm gesät haben. Das – ich wiederhole mich – soll die Anerkennung für seine Leistung nicht mindern. Schließlich gilt für heute: Wenn wir wenigstens noch etwas vom sicherheitspolitischen Verständnis des Helmut Kohl hätten, dann wären wir reich gesegnet. Aber heute herrscht gerade in seiner Partei von Angela Merkel über Norbert Röttgen und Ursula von der Leyen bis zu Annegret Kramp-Karrenbauer ein anderer Geist.

9. Vasall der USA

Viele Deutsche (West) sehen in den USA eine Nation und in den dortigen Menschen ein Volk, das uns sehr geholfen hat: mitgeholfen bei der Befreiung von den Nazis, geholfen bei der wirtschaftlichen Entwicklung nach dem Zweiten Weltkrieg. Viele Deutsche sehen in den USA jene, die uns vor den Sowjets und den Kommunisten geschützt haben. Auch wenn man das anders sehen kann, generell kann man wohl sagen, dass in den 1950er- und 60er-Jahren so etwas wie ein abschreckendes Gleichgewicht der Kräfte bestand. Damals wurden wir von den USA geschützt – so sah es zumindest aus –, heute werden wir benutzt.

Die Vereinigten Staaten von Amerika verfolgen vornehmlich ihre eigenen Interessen und diese Position hat einen ziemlich imperialen und auf eigene Interessen bedachten Charakter. Das ist nicht erst mit der Präsidentschaft Donald Trumps so gekommen. Es war vorher schon nicht viel anders. Mit Trump ist diese Haltung nur etwas deutlicher geworden, weil er auch die entsprechenden Formulierungen lieferte. »America first« sollte eigentlich jedem deutlich machen, was hier gespielt wird. Da ist von Partnerschaft nicht die Rede. Es wird offen bekannt, dass die Interessen der USA Vorrang haben. Aber wie gesagt, das ist nicht neu. Das galt auch schon für Barack Obama, für Hillary Clinton, für Bill Clinton und die Bushs sowieso.

Versetzen Sie sich in die Lage des US-amerikanischen Präsidenten, zum leichteren Verständnis einfach in die des Präsidenten Trump. Dann wird Ihnen vieles von dem, was im Folgenden zu lesen ist, sehr viel leichter einleuchten als ohne Nutzung dieser Verständnishilfe.

Stellen Sie sich vor, Sie wären der US-Präsident oder Vordenker beim zuständigen Geheimdienst. Was würden Sie dann tun?
Sie würden überlegen, wie Sie den Wohlstand der US-Nation und vor allem der führenden Kräfte auch in Zukunft erhalten können. Deshalb würden Sie zum Beispiel darüber nachdenken, wie man sich die Ressourcen in anderen Teilen der Welt, zum Beispiel in Eurasien oder im Mittleren Osten, zu eigen machen kann. Und Sie würden überlegen, wie man potenzielle Konkurrenten, insbesondere die großen Konkurrenten China und Russland, in Schach halten und kleinere Störfaktoren wie den Iran ausschalten kann. Sanktionen sind eines der Instrumente, mit denen die USA ihre Gegner oder vermeintlichen Gegner zu beeinflussen und zu schaden versuchen. Sanktionen wirken dann erst richtig, wenn sie nicht von den USA alleine ausgesprochen und vollzogen werden. Die USA haben deshalb immer auch wieder versucht und erfolgreich versucht, andere Völker und Nationen in diese Sanktionspolitik zu integrieren.

Wenn Sie Präsident der USA wären, dann würden Sie selbstverständlich überlegen, wie Sie den Einfluss der USA auf wichtige Akteure in befreundeten Nationen sichern können, in

Deutschland zum Beispiel und in Europa. Da würden Sie auf die naheliegende Idee kommen, dass der Einfluss über Parteien läuft, über Medien und über einzelne Gruppen sowie NGOs. Gegebenenfalls würden Sie eigens NGOs gründen oder dieses veranlassen. Und Sie würden mithelfen, dass Ihre Freunde in angesehenen Organisationen, wie zum Beispiel der Heinrich-Böll-Stiftung oder im German Marshall Fund, das Sagen bekommen und behalten.

Sie würden dafür sorgen, dass diese Gewährsleute – die man auch Einflussagenten nennen könnte – in schwierigen Situationen ihre Stimme zugunsten der US-Politik erheben. Hier ist ein Musterbeispiel dafür. Das Beispiel betrifft die Debatte nach der Ermordung des iranischen Generals Kassem Soleimani im Irak. Der Bundestagsabgeordnete Michael Roth twitterte:

»Bei aller berechtigten Kritik an Präsident #Trump: Die von einigen bemühte Gleichsetzung von #USA und #Iran als globales Sicherheitsrisiko ist bescheuert & unanständig. Die USA sind eine liberale Demokratie. Im Iran werden Schwule & Dissidenten an Baukränen erhängt. #Soleimani«[41]

Dass gerade der Abgeordnete Michael Roth (SPD) jetzt schon seit 2013 Staatsminister im Auswärtigen Amt ist und schon zwei Außenminister überdauert hat, kann ich mir nur so erklären, dass mächtige Kräfte ihre Hand über ihn halten. Und er sich dann mit solchen Äußerungen und mit vielem anderen revanchiert. Die Behauptung, die USA seien eine »liberale Demokratie«, kann nur von jemandem kommen, der als Propagandist engagiert ist und deshalb übersehen muss, dass in den USA nur Milliardäre oder ihre Gewährsleute Präsidenten werden können – alle Macht geht vom Gelde aus und nicht vom Volk. Und er muss auch übersehen, dass radikale, rechts-religiöse Ideologen über weite Strecken das Sagen haben und Schwule, Dissidenten und übrigens auch Schwarze dort auf andere Weise fertiggemacht werden.

Der Einfluss auf die Personalpolitik in anderen Ländern und Kontinenten

Wenn Sie US-Präsident, CIA-Chef oder ein einflussreicher Berater wären, dann würden Sie selbstverständlich versuchen, die Personalpolitik anderer Völker und Völkergemeinschaften zu beeinflussen, bei befreundeten Nationen und bei fremden. Fangen wir mit Letzterem an:

Es ist ja kein Geheimnis, dass die USA die Präsidentschaft Boris Jelzins nutzten, um die Politik Russlands der 1990er-Jahre auch im Inneren zu bestimmen. Die USA haben massenweise Berater geschickt und Jelzin sogar geholfen, eine für ihn gefährdete Wiederwahl zu gewinnen. In Naomi Kleins *Schock-Strategie* wird das ziemlich detailliert beschrieben.[42] Und weil heute mit Präsident Putin der Einfluss auf die Politik Russlands geschwunden ist, wird gegen diesen Stimmung gemacht – von den USA und im Verein damit von allen von den USA beeinflussten Politikern anderer Länder und der dort tätigen Medien, Sachverständigen, Beobachtern, sogenannten Experten. Diese Stimmungsmache ist so wirksam, dass heute in der allgemeinen Öffentlichkeit der Eindruck entstanden ist, Russlands Wohlbefinden habe sich mit dem Wechsel von Jelzin zu Putin verschlechtert. Das ist schlicht die Unwahrheit.

Bei befreundeten Nationen funktioniert sowohl der personalpolitische Einfluss als auch der Einfluss auf Sachentscheidungen über ein Heer von Beratern:

Von der Leyen hat sich als Bundesverteidigungsministerin bei der Frage der Erhöhung der Militärausgaben so verhalten, wie der US-Präsident es gefordert hat: Militärausgaben erhöhen, Aufrüstung statt Abrüstung. Und obwohl diese Ministerin wegen ihrer hohen Ausgaben für Beratungsfirmen und verschiedenen Personalentscheidungen in Schwierigkeiten geraten und alles andere als ein Vorbild war, wurde sie Präsidentin der

EU-Kommission. Das ist eine Schlüsselfunktion und sie ist wichtig für die USA.

Die Personalentscheidung für von der Leyen ist lautlos über die Bühne gegangen. Kein vernünftiger Mensch kann erklären, wieso gerade sie dieses wichtige Amt bekommen hat. Eine richtungsweisende Teilerklärung: Sie hatte die Unterstützung wichtiger Länder aus Osteuropa. Auf diese Staaten haben die USA einen großen Einfluss.

Von der Leyen hat beim ersten großen kritischen Fall sofort und eindeutig die Position der USA vertreten: Schuld an der Konfrontation im Nahen Osten und an der Hinrichtung des iranischen Generals sei der Iran selbst. Mit ihr können die USA vermutlich auch bei anderen Gelegenheiten Pflöcke einschlagen und die innere Gestaltung der Europäischen Union maßgeblich mitgestalten. Ursula von der Leyen ist das Musterbeispiel einer »Einflussagentin«.

Warum Heiko Maas bei uns Außenminister geworden ist, erschließt sich den meisten Menschen und Beobachtern nicht. Solche Zweifel galten vorher schon für Sigmar Gabriel und den früheren Außenminister und jetzigen Bundespräsidenten Frank-Walter Steinmeier. Bei Gabriel hat sich hinterher flugs gezeigt, in wessen Diensten er steht. Er wurde zum Vorsitzenden der Atlantikbrücke gewählt – als Nachfolger von Merz.

Letzterer gehört zum Kreis der bewährten US-Einflusspersonen. Bei ihm ist die Verflechtung auch institutionell gesichert. Er stand bis zu seiner Kandidatur für den CDU-Vorsitz in Diensten des großen US-Finanzkapitals, konkret: BlackRock.

Wie sehr die USA und die mit ihnen unmittelbar verbundenen Institutionen wie die NATO in den deutschen Medien verankert sind, wird verdrängt. Umso wichtiger ist, dass die Anstalt des ZDF am 29. April 2014 detailliert dargestellt hat, welche Personen in deutschen Medien im Dienste atlantischer Interessen stehen.[43] Wichtige deutsche Journalisten und Journalistinnen sind eng mit Institutionen wie der Atlantikbrücke verbunden und geben dieser Verbundenheit mit US-amerikanischen und NATO-Interessen in ihren Berichten und Kommentaren regelmäßig Raum. Das Feindbild Russland wieder neu aufzubauen, wäre ohne diese mediale Unterstützung nicht möglich gewesen.

Der Einfluss der USA auf politische Entscheidungen in anderen Ländern läuft heute schon und künftig wahrscheinlich noch sehr viel mehr über die wirtschaftlichen Verflechtungen, konkret über die Beteiligung großer angelsächsischer Kapitalsammelstellen wie BlackRock und Blackstone an allen wichtigen Unternehmen in Europa und in der Welt. Darüber wurde ausführlich in II. 3 und II. 4 berichtet.

Es gibt noch ein paar besondere Methoden der Einflussnahme. Eine ist schon erwähnt worden: der Aufbau von NGOs, die US-amerikanische Interessen in fremden Ländern vertreten. In der Ukraine haben die USA fünf Milliarden Dollar investiert, um die Ukraine aus dem Einflussbereich Russlands herauszulösen. Auch die Proteste auf dem Maidan im Winter und Frühjahr 2013/2014 sind mithilfe solcher NGOs befeuert worden. Im konkreten Fall gab es auch eine enge finanzielle Zusammenarbeit zwischen den USA und dem Milliardär Soros.

In den USA sind zum Zwecke der Beeinflussung anderer Völker eine Reihe von Institutionen aufgebaut worden. Eine von besonderer Bedeutung ist die National Endowment for Democracy (NED). Sie wurde 1983 gegründet und soll die liberalen Demokratien in der Welt fördern. Diese Einrichtung war in der Ukraine sehr engagiert. – Man kann ja diese Formen der Einflussnahme für unproblematisch halten. Ja, manche halten diese Mechanismen der Beeinflussung anderer Völker sogar für ehrenwert. Mit zwei anderen Methoden dürften aber selbst dicke Freunde der USA Probleme haben:

Wenn Sie sich in die Rolle des US-amerikanischen Präsidenten versetzen, dann ist Ihnen die hier beschriebene Praxis der weltweiten Machenschaften des US-Finanzministeriums ein Begriff. Sie sind der steuernde Hintermann, Sie nutzen »die Superwaffe des Mr. Glaser. [Nämlich] Sanktionen gegen Russland und den Iran« mit nachhaltigem Erfolg.[44] Sie bringen mithilfe der Sanktionen Völker reihenweise in ökonomische Schwierigkeiten. Sie sorgen auf diese Weise auch dafür, dass Tausende unschuldiger Menschen verhungern oder auf andere Weise sterben.

Leserinnen und Leser, die befürchten, hier würden Verschwörungstheorien ausgebreitet, sollten den *Zeit*-Artikel über die »Superwaffe des Mr. Glaser« lesen. Er stammt von 2014 und beschreibt die Instrumente des US-Präsidenten zur Beeinflussung der Finanzmärkte in anderen Regionen und Ländern.

John Perkins berichtet in seinem 2004 erschienenen Buch *Bekenntnisse eines Economic Hit Man*, wie das aus anderem Anlass und in einem anderen Milieu in der Praxis funktioniert hat. Der Autor schildert, dass er als Angestellter einer Unternehmensberatung im Auftrag der United States Agency for International Development (USAID), der Weltbank und weiterer Institutionen mit Erfolg versucht hat, Repräsentanten anderer, meist kleinerer Staaten dazu zu veranlassen, ihr Land zu verschulden und damit so in Abhängigkeit zu bringen, dass sie sich bei Abstimmungen der UNO und anderen Gelegenheiten dem Willen der USA beugen. Todesopfer waren bei diesen Operationen nicht ausgeschlossen. Auch er schildert die Auslagerung der eigentlichen Drecksarbeit an Dritte.

Dies alles hat mit den hehren Vorstellungen von Freundschaft und Ebenbürtigkeit zwischen USA, uns und anderen Völkern wenig zu tun. Und es ist schlimmer geworden. Wir waren schon einmal autonomer und mutiger, uns dem Einflussbereich der USA zu entziehen.

Dafür will ich nur zwei Beispiele nennen. Sie stammen aus der eigenen Erfahrungswelt:

Erstes Beispiel: Es ist ja allgemein bekannt, dass Brandt nach dem Zweiten Weltkrieg bei seiner politischen Arbeit in Berlin mit den West-Alliierten und insbesondere mit den USA eng zusammengearbeitet hat und von diesen wohl auch gestützt worden ist. Er hat auch den Beginn der Ostpolitik im Dezember 1966 als Außenminister der Bundesrepublik Deutschland eng mit den westlichen Alliierten und der NATO abgestimmt. Anders wäre das damals gar nicht möglich gewesen. Als sein Mitarbeiter habe ich ihn dann allerdings während der ganzen Zeit meiner Mitarbeit als autonom und US-kritisch erlebt. Dass die Verantwortlichen in den USA das ähnlich empfunden haben, wird schlagartig an dem bekanntgewordenen Dialog zwischen Präsident Nixon und Sicherheitsberater Kissinger sichtbar. Davon berichtete der *Spiegel*. Ich zitiere das ganze veröffentlichte Stück, weil daran der Geist dieser Freundschaft wie auch der weitere Niedergang sichtbar wird:

»Todeswünsche für Willy Brandt
US-Präsident Richard Nixon und sein Sicherheitsberater Henry Kissinger haben Kanzler Willy Brandt bekanntlich nie getraut. Neu ist allerdings, dass sie ihm den Tod an den Hals wünschten. Das zeigt eine Tonbandaufnahme, die nun das US-Außenministerium veröffentlicht hat. Es geht um ein Gespräch am 3. Februar 1973. Brandt litt an einer Stimmbandentzündung und hatte eine Geschwulst entfernen lassen.

Nixon: Wie sieht es mit Brandts Kehle aus?
Kissinger: Leider ist sie (*die Geschwulst* – Red.) nicht bösartig.
Es ist schrecklich, so etwas zu sagen ...
Nixon: Ich weiß, was Sie meinen ...
Kissinger: Ich meine ...

Nixon: Sie meinen, dass er unglücklicherweise bei sehr guter Gesundheit ist.

Kissinger: Leider wird er uns erhalten bleiben, yeah.

Nixon: Er ist ein Trottel.

Kissinger: Er ist ein Trottel …

Nixon: Er ist ein Trottel …

Kissinger: … und er ist gefährlich.

Nixon: Tja, leider ist er gefährlich.«[45]

Keine Sorge: Die heute amtierenden Politikerinnen und Politiker in Europa wurden und würden – von wenigen Ausnahmen abgesehen – von solchen Todeswünschen verschont. Man ist sich ihrer Zuneigung und Zuarbeit offensichtlich sicher.

Zweites Beispiel: Am 7. Januar 2020 gab es im rheinland-pfälzischen Landtag eine Feierstunde »100 Jahre amerikanische Präsenz an Rhein und Mosel«. Anwesend war der Kommandeur der US-Armee im Europa-Hauptquartier (Wiesbaden), General Christopher Cavoli. Die pfälzische Zeitung *Pfalz Express* berichtete: »Landtagspräsident Hendrik Hering und Innenminister Roger Lewentz (SPD) dankten den US-Amerikanern für ihren Beitrag zur Demokratiebildung in Deutschland und für 75 Jahre Frieden.«[46]

Ein kurzer Blick zurück zeigt, wie anders das Verhältnis einmal war. Im Landtagswahlkampf 1990/91 hat der damalige Spitzenkandidat der SPD, Rudolf Scharping, gefordert, Rheinland-Pfalz dürfe nicht weiter der »Flugzeugträger der USA in Europa« sein.

Jetzt wird die Präsenz der Alliierten gefeiert. Wir waren schon mal viel weiter. Heute sieht es jedenfalls nicht so aus, dass wir uns jemals aus den Fängen der USA und der NATO befreien können.

Die USA sind ein interessantes Land. Die US-Amerikaner sind oft kreativ und menschenfreundlich. Ich habe als junger

Mensch in Heidelberg, meiner Heimatstadt, eine Reihe von produktiven kulturellen Erfahrungen mit US-Bürgern gemacht. Im Jazzclub Cave 54, mit dem Amerika-Haus und bei vielen weiteren Gelegenheiten.

Es gibt keinen Grund, ein schlechtes Verhältnis zu US-Amerikanern zu haben.

Aber es gibt einige Gründe, die USA als imperiale Macht nicht mehr zu akzeptieren. Weil das gefährlich ist, weil der grundlegende Geist der Beherrschung und der Konfrontation einem friedlichen Zusammenleben der Menschen nicht guttut und im konkreten Fall Europas äußerst gefährlich wird.

Deshalb wird es die Hauptaufgabe der deutschen Politik in den nächsten Jahren und Jahrzehnten sein, uns aus der Vormundschaft der USA zu lösen. Das ist eine Herkulesarbeit. Und sie ist nicht leichter geworden.

10. Die Verunsicherung der Jugend

Der Jugend die Sicherheit nehmen. Das könnte eine politische Strategie sein. Denn Unsicherheit macht gefügig.

Oberflächlich betrachtet haben die Jüngeren es heutzutage gut. Sie verreisen viel. Sie feiern viele Partys. So sieht es jedenfalls aus, wenn man nicht genau hinschaut. Wenn man genau hinschaut, entdeckt man Kritisches. Die junge Generation ist vermutlich nicht besser dran als ihre Eltern- und Großelterngeneration. Genauer vergleichen kann ich es mit der Zeit zwischen 1960 und 1980.

Meine Generation hatte unglaubliches Glück. Als wir mit dem Studium fertig waren – das war in den 1960ern –, standen uns quasi alle Türen offen. Keiner und keine musste sich mit befristeten Arbeitsverträgen zufriedengeben. Es gab Jobs mit Kranken- und Arbeitslosenversicherung und nicht mit der Drohung der Befristung wie durch Hartz IV. Wir hatten auch keine Angst vor Altersarmut. Das war damals kein Thema.

Entsprechend aufmüpfig konnten wir sein. Gut, wir flogen nicht durch die halbe Welt. Aber wir trampten durch Europa, wurden von unseren Gastgebern in der Regel ausgesprochen freundlich willkommen geheißen. Wir waren Angehörige eines normalen europäischen Landes, allerdings mit einer gewaltigen kriegerischen und verbrecherischen Last auf dem Rücken. Wir wurden trotzdem freundlich behandelt. Auch deshalb, weil unser Land selbst keine nationalistischen Allüren an den Tag legte. Wir waren nicht der Chef beziehungsweise die Chefin Europas.

Wir konnten es uns leisten, unabhängig zu denken, auch wegen der guten Berufssituation. Wir konnten uns es auch leisten, politisches Interesse zu haben. Wir konnten es uns leisten, die Welt verändern zu wollen. Die 68er-Bewegung konnte nur auf dieser Basis entstehen. Hätte die junge Generation in einer Unsicherheit gelebt, die mit der heutigen vergleichbar wäre, dann hätten ihre Rädelsführer nicht so aufmüpfig und unabhängig gedacht, gesprochen und geschrieben.

Heute haben viele jungen Leute keinen festen, unbefristeten Arbeitsvertrag. Auch bei gutem Verdienst haben sie weniger Chance, im Laufe ihres Lebens ein Haus oder eine Wohnung zu erwerben. Das ist die Folge der divergierenden Einkommensentwicklung. Und es ist auch die Folge eines damit zusammenhängenden Vorgangs: Die hohen Verdienste und Vermögen in den oberen Schichten kombiniert mit Niedrigzinsen oder Nullzinsen haben dazu geführt, dass die Immobilienpreise stark steigen, weil das Geld der Ober- und Mittelschichten dort Anlage sucht.

Zum Teil ist das auch das Ergebnis mangelhafter Vorsorge oder auch der Tatsache, dass viele junge Leute das verdiente Geld für Weltreisen, Autos oder sonstiges ausgeben und vermutlich nicht mehr so gezielt sparen, wie das frühere Generationen gemacht haben.

Der labile unsichere Arbeitsmarkt betrifft vor allem junge Akademiker und Akademikerinnen. Es gibt keine ausreichende Zahl von Jobs für junge Wissenschaftler. Das führt zwangsläufig zur Anpassungsbereitschaft.

Die Frauen und Männer mit akademischen Abschlüssen in den Fächern Politik, Geschichte, Soziologie, Philosophie nehmen Jobs auch von Einrichtungen, für die zu arbeiten sie sich im Studium nicht vorstellen konnten. Es sind Stiftungen, die einseitige politische und wirtschaftliche Interessen verfolgen, meist neoliberal orientiert. Es sind NGOs, oft solche, die eigens zur politischen Beeinflussung gegründet und finanziert worden sind. Heute sind viele junge Leute in dieser Mühle. Dazu kommt die Überwindung der kognitiven Dissonanz, und so glauben sie dann selbst, was ihnen zu lehren und zu vertreten abverlangt wird.

Die heutige Jugend wurde in den Schulen getrimmt. Sie wurde im verschulten Studium so hergenommen, dass kein Raum bleibt – schon gar nicht zu interdisziplinärer Arbeit. Die Bologna Reform, die Anfang des Jahrtausends installiert wurde, hat die akademische Jugend zusätzlich sehr verändert. Sie haben offensichtlich mehrheitlich keine Zeit, sich Gedanken darüber zu machen, wie die Welt zum Besseren verändert werden sollte und könnte.

Dass das politische Interesse geschwunden ist und Desinteresse und auch ein gewisses Maß an notwendigem Opportunismus verbreitet wurden, hilft bei der Restauration.

11. Die Parteien sind am Ende, sie werden ihrer wichtigsten Aufgabe nicht gerecht

Im Grundgesetz für die Bundesrepublik Deutschland wird den Parteien eine bedeutende Aufgabe zugewiesen. Im Art. 21 heißt es:

>»(1) Die Parteien wirken bei der politischen Willensbildung des Volkes mit. Ihre Gründung ist frei. Ihre innere Ordnung muß demokratischen Grundsätzen entsprechen. Sie müssen über die Herkunft und Verwendung ihrer Mittel sowie über ihr Vermögen öffentlich Rechenschaft geben.«

Alle darin enthaltenen Aussagen sind zu begrüßen, gut gemeint und schön formuliert. Wie sieht es in der Realität aus? Nehmen wir den ersten Satz: »Die Parteien wirken bei der politischen Willensbildung des Volkes mit.« Im Idealfall müsste das heißen, dass auf allen Ebenen der Parteien, also in Ortsvereinen, Kreisverbänden, Unterbezirken, Bezirken, Landesverbänden und dann auf den Bundesparteitagen Willensbildung zu Sachfragen und geplanten politischen Entscheidungen stattfindet.

Das gab es tatsächlich. Gibt es das heute noch? Ein paar Beispiel aus der Vergangenheit:

In der CDU tobte zum Beispiel in den 1970er-Jahren ein Meinungskampf um die Frage, wie weit die Mitbestimmung in den Betrieben gehen soll. Es gab in dieser Partei früher auch immer Dispute über die soziale Gestaltung unseres Landes und das war meist ein Disput zwischen dem sogenannten Arbeitnehmerflügel, den institutionalisierten Sozialausschüssen einerseits und den Mächtigen mit Wirtschaftshintergrund, also konkret der Wirtschaftsvereinigung der Union, andererseits. Das ist lange her. Die Sozialausschüsse sind bedeutungslos geworden. Ich sehe nicht, wo inhaltliche Debatten in der Union stattfinden.

Die wirkliche Lage der Union ist recht gut mit folgendem Vorgang beschrieben: Merz bewirbt sich um den Vorsitz der zurzeit größten Partei in Deutschland. Und was passiert? Es gibt keinen Aufschrei – weder unter den Mitgliedern der CDU noch in der deutschen Öffentlichkeit und schon gar nicht in und bei den etablierten Medien. Merz ist ein Lobbyist. Er hat bis zur Niederlegung des Aufsichtsratsvorsitzes für ein Unternehmen gearbeitet, das auf alle deutschen Unternehmen, die im DAX verzeichnet sind, und auf viele mehr bestimmenden Einfluss zu nehmen versucht. Das ist eine wirtschaftliche Großmacht, die in der sozialen Marktwirtschaft, von der die CDU so viel redet, nicht vorkommt und nicht vorkommen darf. Aber das macht nichts. Offenbar könnte jemand, der mit einer solchen Großmacht eng verbandelt ist, Vorsitzender der CDU werden und damit aussichtsreicher Kandidat für das Amt des Bundeskanzlers. Allein dieses eine Beispiel, allein dieser personalpolitische Vorgang sagt alles über die Entwicklung und den Zustand der CDU.

Bei den Grünen ist das Ringen zwischen den Realos und den Fundis um den richtigen Weg intern und öffentlich ausgetragen worden. Es ging dabei nicht zuallererst um die ökologische Frage, sondern um die Frage, ob die Grünen auch eine fundiert progressive soziale Politik machen sollen. Es ging also um die soziale Frage. Es ist still geworden, die Meinungskämpfe über die sozialen Fragen sind bei den Grünen entschieden. Schon damit ist auch entschieden, dass die Grünen zu schwarz-grünen Koalitionen bereit sind. Es gibt keine unüberbrückbaren Gegensätze mehr.

Besonders deutlich wird das an einem weiteren wichtigen Themenkomplex: Während die Grünen früher durchaus als Teil, ja sogar als anschiebender Teil der Friedensbewegung gelten konnten, sind sie in ihrer überwiegenden Mehrheit inzwischen auf den transatlantischen Kurs eingeschwenkt, inklusive der Bereitschaft, gegebenenfalls die Politik mit militärischen Mitteln fortzusetzen. Sie können als verlässlicher Partner auch der US-amerikanischen Politik gelten. Das zeichnete sich schon beim Kosovo-Krieg und bei der Zustimmung der Grünen Partei unter der Führung von Joschka Fischer ab. Bei der Auseinandersetzung um die weitere Politik der Ukraine und die dortige Entwicklung hat die Grüne Partei mehrheitlich die Position der USA vertreten. Das war deutlich und personell sichtbar geworden, als die grüne Bundestagsabgeordnete Marieluise Beck persönlich an den Protesten auf dem Maidan in Kiew teilnahm. Auch die politische Stiftung der Grünen, die Heinrich-Böll-Stiftung, hat sich dabei und auch schon früher in der Ukraine engagiert. Die Problematik ihrer Rolle bei diesem Konflikt und bei vielen anderen Gelegenheiten, bei denen es gegen Russland ging, wird durch neuere Recherchen besonders deutlich: Der Aufstand des Maidan war vor allem von außen gesteuert, von den USA und von Superreichen im Westen, natürlich unter Beteiligung von Gruppen in der Ukraine.[47]

Es ist erstaunlich still geworden um die Meinungsbildung innerhalb der Grünen-Partei und -Fraktion auf Bundesebene. Wir müssen wohl davon ausgehen, dass die Grüne Partei wie andere Parteien auch über weite Strecken fremdbestimmt und gesteuert ist.

Dramatische Veränderungen bei der SPD – Anpassung
Genauer kenne ich die Entwicklung in der SPD und kann am eigenen Beispiel und dem Beispiel vieler Freundinnen und Freunde nachvollziehen und beschreiben, wie das in dieser Partei war, wie es heute ist und welche Bedeutung die innere Willensbildung hatte: für die politische Meinungsbildung und Entscheidungsfindung selbst und für die Personalrekrutierung, also für die Nachwuchsarbeit.

Eine größere Zahl von Menschen aus meinem Freundes- und Bekanntenkreis sind in den 1960er- und 70er-Jahren der

SPD beigetreten, weil es dort interessante Diskussionen gab. Wer wissen wollte, welche Gedanken und Ideen auf der Höhe der Zeit waren, und wer an der Willensbildung mitwirken wollte, die oder der ging zu den Sozialdemokraten. Schon in meinem ersten Ortsverein, der SPD in Neuhausen-Nymphenburg in München, wurde nicht nur zusammengehockt und Bier getrunken, es gab damals inhaltliche Debatten – über die notwendige neue Ostpolitik, auch über dringliche Fragen der Stadt, über Stadtplanung und Möglichkeiten zur Eindämmung der Bodenspekulation. Diese spezielle Debatte folgte aus der dringlichen Situation, die gekennzeichnet war von enorm steigenden Bodenpreisen und keiner Lösung. Sie wurde zusätzlich angeheizt vom damaligen Oberbürgermeister Hans-Jochen Vogel.

Zufällig fand in München im Dezember 1969 ein aufsehenerregender Juso-Kongress statt. Da wurden Resolutionen diskutiert und verabschiedet, die eine fundamentale Umgestaltung unserer Gesellschaft forderten. Viele Jusos hatten Marx gelesen und brachten ihre Erkenntnisse in die Debatten ein. Die Parteispitze hat sich auch mit diesen radikal erscheinenden Ansätzen zur Umgestaltung unserer Gesellschaft auseinandergesetzt, Stellungnahmen veröffentlicht und dies führte wiederum zu aufgeheizten Debatten in Juso-Gruppen.

Insgesamt war dies trotz allen Streits und trotz aller Aufregung in jeder Hinsicht eine gute Entwicklung. Es kamen viele fähige und aufmüpfige junge Menschen in die SPD. Das brachte einen beträchtlichen Zuwachs an Personal sowie Sachverstand und Ideen und half dabei, das Versprechen des Grundgesetzartikels 21, die Parteien sollten an der politischen Willensbildung mitwirken, wenigstens ein bisschen zu realisieren.

Später war ich selbst auf der Ebene eines Unterbezirks als Bundestagsabgeordneter und als Vorsitzender der SPD-Südpfalz verantwortlich. Dort wurde in vielen der über 80 Ortsvereine auch politisch diskutiert. Auf Unterbezirksparteitagen debattierten wir über die Außen- und Sicherheitspolitik, über die damals (1990/1992) sehr aktuell gewordene Asylpolitik und – aus Not sozusagen – auch über die Nutzung unseres Landes durch die alliierten Streitkräfte.

ANTRAG A 30
ORTSVEREIN MAIKAMMER
ORTSVEREIN HASSLOCH.
ORTSVEREIN PLEISWEILER-OBERHOFEN
ORTSVEREIN WEIDENTHAL.
ORTSVEREIN SPIRKELBACH
(BEZIRK PFALZ)
(ORTSVEREIN WIETZMARSCHEN
(BEZIRK WESER-EMS)
ORTSVEREIN FULDA-WEST
(BEZIRK HESSEN-NORD)
ORTSVEREIN GERNSHEIM
(BEZIRK HESSEN-SÜD)

Militärischer Tiefflug

Der Bundesparteitag möge beschließen:

1. Die SPD fordert die Bundesregierung und die NATO auf, ein Verteidigungskonzept zu erarbeiten, das den Verzicht auf militärische Tiefflugübungen endgültig möglich macht. Ein Verteidigungskonzept, das der eigenen Bevölkerung 43 Jahre nach dem Krieg das Leid und die Schrecken zumutet, die Millionen in der Bundesrepublik täglich erleben, ist unzumutbar.

2. Schon bevor dieses Konzept erarbeitet und verwirklicht ist, werden die eigentlichen militärischen Tiefflüge über dem Gebiet der Bundesrepublik Deutschland und anderen bewohnten Gebieten eingestellt. Dies ist wegen der Entwicklung moderner Militärtechniken und angesichts der entspannten Lage zwischen Ost und West ohne einen Verlust an Sicherheit möglich.

3. Die Bundesregierung wird aufgefordert, bei den Alliierten dafür zu sorgen, daß diese ihre militärischen Tiefflüge ebenfalls einstellen oder in ihre eigenen Länder zurückverlagern.

Damals war die Südpfalz, wie viele andere ländliche Regionen auch, von militärischen Tiefflugübungen malträtiert. Einige Ortsvereine aus der Region und aus anderen Teilen

Deutschlands fassten damals einen Beschluss, der die sofortige Beendigung aller militärischen Tiefflugübungen forderte – mit der richtigen Begründung, dass diese für unsere Verteidigung nicht nötig seien. Dieser Beschluss wurde über die verschiedenen Zwischenstationen an die Bundesebene weitergeleitet. Der Bundesparteitag in Münster verabschiedete 1988 den auf Ortsvereinsebene entstandenen Beschluss:

Dieses Petitum wurde sogar praktische Politik, weil auch Bundeskanzler Kohl unter Druck seiner eigenen Heimatregion geriet und bei den Alliierten, die für den Tiefflug und die massive Belästigung der betroffenen Menschen verantwortlich waren, intervenierte.

Dieser Vorgang ist ein gutes Beispiel dafür, wie Willensbildung auf örtlicher Ebene stattfinden kann, und zwar in den Parteien und in Kooperation mit engagierten Bürgerinnen und Bürgern. Damals waren in den betroffenen Gebieten tausende von Menschen bei diesem Thema engagiert. Innerhalb und außerhalb der Parteien.

Wo sind solche Debatten heute?

Parteien als Karriereleitern, Politik als Berufsersatz:
Ich will die Vergangenheit nicht beschönigen. Schon immer waren Parteien in Deutschland nicht nur und manchmal auch nicht überwiegend Orte der politischen Willensbildung. Oft waren sie schlicht und einfach Karriereleitern. Das war auch von Region zu Region verschieden. Die hier vertretene These ist allerdings die, dass es früher immerhin da und dort funktionierte mit der vom Grundgesetz vorgesehenen Mitwirkung der Parteien an der politischen Willensbildung, und dass es hingegen heute fast nur noch Karriereleitern gibt, dass heute viele junge Leute nicht deshalb in eine Partei gehen, weil sie politisch etwas bewegen und verändern wollen, sondern weil Parteien und Politik noch eine Chance bieten, Karriere zu ma-

chen. Die Parteien sind zu Vereinigungen von Karrieristen verkommen. Das ist die Beobachtung und These.

Wir haben es heute mit einer Entpolitisierung der Parteien zu tun. Wenn jemand mal etwas Außergewöhnliches vorschlägt, wie etwa der jetzige Vorsitzende der SPD-Bundestagsfraktion Rolf Mützenich, als er im Mai 2020 vorschlug, aus der atomaren Mitwirkung der Bundesrepublik Deutschland auszusteigen, und empfahl, die USA sollten ihre Atomwaffen aus Deutschland abziehen, dann stürzt sich eine Meute von Kritikern von außerhalb und innerhalb der Partei auf ihn. Inhaltliche Debatten zu führen und Forderungen zu stellen, ist offenbar ungewöhnlich.

Ein Vorgang, der zeigt, wie kritisch die Situation der innerparteilichen Willensbildung früher schon war:
Den folgenden Vorgang schildere ich nicht wegen der SPD. Er ist von allgemeinem Interesse: Bei verschiedenen Debatten in der SPD-Bundestagsfraktion und den anschließenden Entscheidungen im Deutschen Bundestag war zu beobachten, dass die Willensbildung in den unteren Ebenen der Partei und bei den Mitgliedern bei Entscheidungen an der Spitze verpuffte. Die Meinung der Basis spielte für die Entscheidungen der Bundestagsfraktion oft keine Rolle und die Sanktion der Basis gegenüber ihren Abgeordneten blieb meist aus. Das folgte daraus, dass die Ortsvereine und Kreisverbände und die Mitglieder oft gar nicht wussten, wie ihre Abgeordneten sich bei der Meinungsbildung in der Bundestagsfraktion positioniert hatten. Wenn die Entscheidung bei der Abstimmung im Deutschen Bundestag dann nicht mit dem Willen der Basis übereinstimmte, konnte man sich als Abgeordneter leicht darauf herausreden, die Mehrheit der Bundestagsfraktion habe das so beschlossen und man sei ja wie bekannt an den Fraktionszwang gebunden. Für die Parteimitglieder und die Ortsvereine in ihren Wahlkreisen war

nicht erkennbar, wie sich ihr Abgeordneter oder ihre Abgeordnete bei der Willensbildung in der Fraktion verhalten hatte.

Es war dringend notwendig, eine gewisse Transparenz herzustellen. Deshalb hat der Ortsverein Pleisweiler-Oberhofen auf meinen Antrag hin den Beschluss gefasst, dass es bei grundlegenden und wichtigen politischen Fragen künftig eine namentliche Abstimmung in der SPD-Bundestagsfraktion geben solle und diese Abstimmungsergebnisse dann im sozialdemokratischen Zentralorgan *vorwärts* veröffentlicht werden sollten.

Dieser Antrag meines Ortsvereins wurde über die vorgesehenen Stufen im Parteigefüge an die Bundespartei und dann dem Bundesparteitag in Bremen im Jahre 1991 zur Verabschiedung oder Ablehnung vorgelegt. Gegen diesen Antrag gab es in den Reihen der Seeheimer, die heute ja noch maßgeblich die SPD-Politik bestimmen, heftigen Widerstand. Er wurde trotzdem angenommen.

Der Beschluss wurde in der Geschäftsordnung der SPD-Bundestagsfraktion verankert:

»§ 8 Beantragung einer namentlichen Abstimmung

(1) Auf Antrag von 5 % der Mitglieder der Fraktion entscheidet die Fraktion, ob zu einem bestimmten Punkt in der Fraktion namentlich abgestimmt wird.

(2) Der Antrag auf eine namentliche Abstimmung soll zu Beginn der Fraktionssitzung angekündigt werden.«

Bei einigen grundsätzlichen Fragen wurde der Bremer Parteitagsbeschluss auch tatsächlich angewendet. Das war sehr heilsam. Das gab jenen Abgeordneten, die gerne anders verfahren wären, keine Chance, ihre Voten in der Bundestagsfraktion zu verstecken. Die Berufung auf den Fraktionszwang war nicht mehr möglich. Die Veröffentlichung im *vorwärts* dokumentierte ihr Verhalten in der Fraktion und damit bei der Willensbildung.

Solche Verfahren, die das Verhalten der gewählten Abgeordneten und ihre Argumentation transparent machen, wären auch heute, und zwar in allen Parteien, sehr heilsam und würden wenigstens ein bisschen dabei helfen, die politische Willensbildung und Entscheidungsfindung zu kontrollieren und gegebenenfalls zu beeinflussen. Aber davon sind wir weit entfernt. Die in Bremen beschlossene namentliche Abstimmung steht übrigens heute nicht mehr in der Geschäftsordnung der SPD-Bundestagsfraktion. Dieses bisschen offene Willensbildung war lästig und musste möglichst schnell entsorgt werden.

Fremdbestimmt und die Ordinate verschoben:
Bei der Arbeit an diesem Kapitel merke ich: Es ist hilfreich, nach so vielen langen Jahren auf die Entwicklung der Parteien zurückzublicken. Dann sieht man, dass die Parteien, die man in der Parteienlandschaft zum linken Spektrum zählt, in den letzten Jahrzehnten nach rechts verschoben worden sind. Überall haben sich innerparteilich jene Kräfte durchgesetzt, die jeweils zum konservativen Flügel zählen. Das gilt für die SPD, für die Grünen und für die Linkspartei – bei Letzterer ist der Prozess noch nicht abgeschlossen.

Dieser Prozess ist jeweils von außen gefördert, wenn nicht sogar systematisch betrieben worden. Von außen heißt: von den konkurrierenden Parteien, von der Politikwissenschaft und anderen Multiplikatoren und von den Medien. Das begann bei uns in Deutschland schon sehr früh. Bei der SPD schon mit der verschiedenen Behandlung von Brandt und Schmidt. Brandt wurde von der Konkurrenz als unsicherer Kantonist, auch unterschwellig als Vaterlandsverräter gebrandmarkt. Über Schmidt sagten selbst bürgerliche Kreise, er sei gut, aber in der falschen Partei. Alles Linke in der SPD, also die Jusos und damals der sogenannte Frankfurter Kreis und die Parlamentarische Linke, wurde misstrauisch beäugt, der konservative Teil einschließlich der Seeheimer sehr viel freundlicher begleitet. Diese verschiedene Behandlung von außen erzielte über längere Zeit ihre Wirkung im Innern. Die von außen besser beurteilten konservativen Sozialdemokraten konnten Punkte sammeln und das hat sich auch innerparteilich ausgewirkt – bis hin zur inhaltlichen Auszehrung unserer Tage.

Ähnlich ist es bei den Grünen gelaufen. Die Realos wurden von außerhalb immer freundlicher behandelt und begleitet als die Fundis. Bei der Linkspartei ist dieser Prozess noch zu Gange. Sie wird insgesamt nicht freundlich behandelt. Aber der rechte Flügel um Ramelow, Kipping, Lederer hat es leichter.

Bevorzugte Themenfelder für die Ungleichbehandlung der Flügel innerhalb der genannten drei Parteien waren und sind die Außen- und Sicherheitspolitik, also das Verhältnis zu den USA, zu Russland, die Frage nach den Militäreinsätzen und Aufrüstung/Abrüstung. Relevant für die Auseinandersetzung war außerdem alles im Kontext der sogenannten Reformen. Der sozialdemokratische Bundeskanzler Schröder ist wegen der Agenda 2010 auch von konservativen Kreisen und Medien über den grünen Klee gelobt worden.

An diesem Beispiel kann man auch gut zeigen, wie die Medien für die innerparteiliche Auseinandersetzung genutzt werden können und so auch darüber entscheiden, wer am Ende einer politischen Entscheidungsschlacht das Siegerpodest besteigen kann. Als Schröder und seine Gruppe innerhalb der SPD Anfang des Jahres 2003 die Agenda 2010 propagierten, hat eine Gruppe sozial engagierter, eher linker Sozialdemokraten ein Mitglieder-begehren in Gang gesetzt.[48] Unter dem Druck der öffentlichen Meinungsbildung und der davon beeinflussten Meinung auf einem SPD-Parteitag zogen sie dann dieses Begehren zurück.[49] An diesem Beispiel kann man gut zeigen, wie von einer Partei-spitze mithilfe der Medien die Öffentlichkeit einschließlich der Parteiöffentlichkeit beeinflusst werden kann und die Meinung der Mitglieder und die Parteitagsdelegierten sowieso. Die kleine Grafik zeigt, wie Willensbildung heute auch bei Parteien läuft:

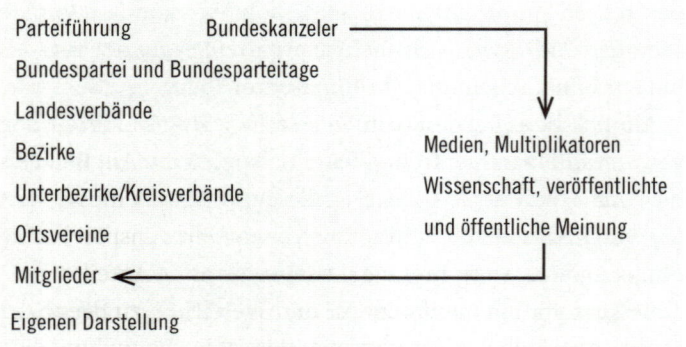

Parteiführung   Bundeskanzeler

Bundespartei und Bundesparteitage

Landesverbände

Bezirke

Unterbezirke/Kreisverbände

Ortsvereine

Mitglieder

Medien, Multiplikatoren

Wissenschaft, veröffentliche und öffentliche Meinung

Eigenen Darstellung

Nach diesem Schema funktioniert vieles in der heutigen Politik. Nicht nur in der SPD.

An ein anderes Beispiel will ich noch erinnern. Dabei ging es um das andere große Themenfeld, nämlich um die Frage von Krieg und Frieden: Als die Regierung Schröder/Fischer 1999, vermutlich auf Druck der USA, sich am Krieg gegen Rest-Jugoslawien beteiligte, musste die gesamte deutsche Öffentlichkeit und im konkreten Fall die Mitglieder von SPD und Grünen von dieser ersten Beteiligung Deutschlands und der Bundeswehr an einem Krieg und noch dazu an einem Krieg außerhalb des NATO-Bereichs überzeugt werden. Das ist im Kern über eine fast schon penetrante Medienpräsenz des NATO-Sprechers Jamie Shea und des deutschen Verteidigungsministers Rudolf Scharping gelaufen. Sie veranstalteten eine Pressekonferenz nach der anderen und untermalten ihre Kriegsberichterstattung unter anderem mit Grafiken und Fotos von Flugzeugen im Kampfeinsatz. Das war so eingängig und immer verbunden mit dem Feindbild Serbien, dass damals jeder Versuch, etwa die Mitglieder der SPD oder der Grünen zum Widerstand aufzurufen, gescheitert wäre.

Dieses Beispiel ist wichtig, weil es zeigt, dass die Beeinflussung der Meinung auch bei wichtigen, die Programmatik der genannten Parteien bestimmenden Themen von außen möglich ist.

Das eine Beispiel betraf ein wichtiges Thema der Gesellschaftspolitik, das andere ein zentrales Thema der Außen- und Sicherheitspolitik. In beiden Bereichen wurde die Programmatik der SPD wie auch der Grünen umgedreht. Am Beispiel SPD und Friedenspolitik kann man die Dramatik dieser Veränderung gut sehen: Die SPD hat mit ihrer Friedenspolitik seit 1963 viel dazu beigetragen, sie hat den größten Anteil daran, die Konfrontation zwischen Ost und West 1989 zu beenden. Sie hat enorm viel dafür geleistet, dass Deutschland wiedervereinigt werden konnte, die Mauer fiel und so weiter. Sie hat damals ja auch – wie weiter oben beschrieben – beschlossen, dass dieser erreichte Frieden zwischen Ost und West auf Dauer gesichert werden soll – durch Zusammenarbeit, durch Abrüstung, durch Regeln der Gemeinsamen Sicherheit, wie man das nannte. Dass die SPD heute zu dieser Programmatik nicht mehr steht, dürfte eine der wesentlichen Gründe dafür sein, dass sie bei Wahlen und bei Umfragen so dramatisch schlecht abschneidet. Sie hat die größten Erfolge ihrer Geschichte schlicht und einfach verraten. Das gilt für die Friedenspolitik wie auch für die Gesellschaftspolitik. Ein sozialdemokratischer Verteidigungsminister als Kriegsberichterstatter und ein sozialdemokratischer Bundeskanzler, der sich dessen rühmt, einen der besten Niedriglohnsektoren geschaffen zu haben, – das hat das Profil dieser ältesten Partei Deutschlands total geschliffen.

Jusos ohne Profil:

In die neue Zeit der inhaltlichen Profillosigkeit beziehungsweise des wenig markanten Profils gehörte auch und passte die Strategie des 2018 amtierenden Juso-Vorsitzenden Kevin Kühnert. Die Jusos führten einen Disput und eine Kampagne zur Frage, ob die SPD eine Koalition mit der Union eingehen solle, also zur Frage Große Koalition Ja oder Nein. Kühnert führte die Kampagne gegen die »Groko« an. Das war parteiintern populär und hat ihm viele Schlagzeilen eingebracht. Einmal abgesehen davon, dass die Alternative zur Großen Koalition auch nicht ideal war, nämlich in die Opposition zu gehen und die Regierungsbildung der CDU/CSU mit der FDP und den Grünen zu überlassen, mit einem inhaltlichen Profil hatte das Votum gegen die »GroKo« nichts zu tun. Da gibt es eine große Leere. Der Juso-Vorsitzende nahm die Stimmung in seiner Partei auf, die alles Elend und den Niedergang dieser Partei auf die Bildung der Großen Koalition schob. Man musste kein Befürworter großer Koalitionen sein, um herauszufinden, dass die Alternativen der SPD auch nicht besser waren, eher schlechter. Das hat der Juso-Vorsitzende übrigens dann rechtzeitig vor der Kandidatur zum SPD-Vorstand und zum stellvertretenden SPD-Vorsitzenden auch noch gemerkt und ist Anfang Dezember 2019 auf die Große Koalition eingeschwenkt. Die Jusos und ihr Vorsitzender sind symptomatisch für die inhaltliche Entfernung einer großen alten Partei.

Überall in Europa und in der Welt das gleiche Spiel:
Die Verschiebung der Ordinate bei den drei potenziell fortschrittlichen Parteien hat dazu geführt, dass sie ihr progressives Profil verloren haben und nicht mehr deutlich von den konservativen Parteien unterschieden werden können. Dies führt zum Verlust von Wählerstimmen und übrigens auch zur Wahlenthaltung, weil viele Menschen keine Alternative mehr sehen. Die veränderten Parteien bezahlen ihren Profilverlust mit Stimmenverlusten. Nach Umfragen im Juli 2020 kamen sie zusammen nur auf zwischen 40 und 43 Prozent. Damit kommt man nicht auf eine Mehrheit der Sitze im Deutschen Bundestag.

Diese gravierende Veränderung zulasten des linken Teils des politischen Spektrums ist übrigens in nahezu allen Ländern Europas festzustellen, mit Ausnahme Portugals.

Überall ist das dramatisch. Denn die Probleme sind europaweit und weltweit so, dass es fortschrittlicher Antworten bedarf. Das zeigt schon die in Kapitel II. 1. beschriebene Entwicklung der Einkommens- und Vermögensverteilung. Es wird sichtbar daran, dass die soziale Sicherung vor den Risiken des Lebens notwendig und notwendiger wird, je kritischer die ökonomische Lage vieler Menschen ist. Es werden fortschrittliche Lösungen gebraucht und es werden Lösungen gebraucht, die unabhängig sind von Wirtschaftsinteressen. Die Verschiebungen im Parteiensystem und in den Parteipräferenzen hat genau zum Gegenteil geführt. Unsere Gesellschaften sind mit der Verschiebung nach rechts, also zu neoliberalen und konservativen Rezepten und politischen Koalitionen, weniger fähig geworden, auf die dringlich gewordenen Probleme mit progressiven Antworten zu reagieren.

Aber dies entspricht nicht den Wünschen jener, die das Sagen haben. Und damit die Konsequenzen besser verstanden werden, muss ich an eine zuvor schon formulierte Empfehlung erinnern: Versetzen Sie sich in die Lage eines ganz reichen und einflussreichen Menschen. Was würden Sie dann tun? Sie würden Europas potenziell progressive Parteien unterwandern lassen und Einflussagenten in Medien und Parteien platzieren oder dort wachsen lassen.

12. Unterwanderung und Einflussagenten

Zum Schleifen profilierter inhaltlicher Positionen haben bei allen Parteien auch Einflussagenten beigetragen. Diesen Begriff zu gebrauchen ist hart, aber es ist nichts davon zu halten, bei diesem ernsten Vorgang um den Brei herumzureden: Es ist nämlich deutlich zu erkennen, dass in allen Parteien und an vielen anderen Stellen unseres gesellschaftlichen und politischen Zusammenlebens Menschen mitwirken, die eine erkennbare Linie vertreten, eine Linie, die mit Interessen verbunden ist, die sie in ihrem Umfeld durchzusetzen versuchen. Röttgen ist in der Union die Stimme der USA und der NATO. Wolfgang Clement war als SPD-Wirtschaftsminister die Stimme der Wirtschaft, der Finanzwirtschaft und insbesondere der Leiharbeitsunternehmen; er hat diese unmenschliche Beschäftigungsmöglichkeit bei der Regierung Schröder »voran«-gebracht und war hinterher für ein Institut einer Leiharbeitsfirma tätig. Merz vertritt offen die Interessen der Wirtschaft. Fischer hat die Interessen seiner amerikanischen Außenministerkollegin Madeleine Albright in Europa und speziell in Deutschland vertreten und durchgesetzt. Cem Özdemir war in Schwierigkeiten und nach einem Besuch in den USA ist er heute einer der Pfeiler US-amerikanischer Interessen in Deutschland.[50] Julia Klöckner ist erkennbar nicht nur Agrarministerin, sondern auch die Vertreterin der Agrarwirtschaft im deutschen Bundeskabinett. Diese Liste ist sehr lang. So ist die Realität.

Den meisten Menschen wird der Gedanke, Parteien, Medien und andere wichtige Einrichtungen wie Stiftungen, Verbände und Unternehmen würden von Menschen, die im Auftrag anderer tätig sind, also unterwandert sind, fremd sein.

Doch das Thema ist wichtig. Es ist aber auch ausgesprochen schwierig. Es ist schwierig, weil Fakten und Belege kaum geboten werden können. Die Einflussagenten werden anders als die Lobbyisten nicht in einem Register zusammengetragen und veröffentlicht. Sie tragen auch kein Erkennungszeichen auf der Stirn oder einen Anstecker mit dem Namen des Konzerns, der politischen Richtung oder des Landes, dessen Interessen sie vertreten.

Also, es gibt wenig Fakten und Belege, aber es gibt Indizien. Das ist unbefriedigend, aber es macht trotzdem Sinn, darüber nachzudenken.

Zur Entschärfung des inneren Konfliktes nenne ich diese Personen im weiteren Text nicht Einflussagenten, sondern Einflusspersonen. Die Umformulierung nimmt der Analyse den Beigeschmack von krimineller Tätigkeit. Ob dieses Zugeständnis berechtigt ist, muss jede Leserin und jeder Leser selbst entscheiden.

Damit verstanden werden kann, wie wichtig dieses Thema ist, schlage ich vor, sich in die Person des Chefs des größten Rüstungskonzerns der Welt Lockheed Martin zu versetzen. Jetzt stellen Sie sich vor, der Chef dieses Unternehmens muss zu Beginn des Jahres 1990 feststellen, dass eine große Partei in Europa, die SPD, in einem Grundsatzprogramm festgelegt hat, dass es Abrüstung statt Aufrüstung geben soll und dass der Kalte Krieg mit seiner für einen Rüstungskonzern angenehmen Begleiterscheinung der gegenseitigen Aufrüstung beendet sein soll. Und er vernimmt auch, dass diese Position tendenziell vom amtierenden Bundeskanzler von der konkurrierenden Partei CDU, Kohl, geteilt wird. Er hat sich sichtbar mit dem Generalsekretär der KPdSU auf das Ende des Kalten Krieges verständigt.

In dieser für das Unternehmen bedrohlichen Situation wird die Unternehmensleitung von Lockheed Martin Verschiedenes unternommen haben: Sie interveniert bei der eigenen Regierung, sie mobilisiert ihre Vertretung in Deutschland und Europa und diese wiederum organisieren Personen, die innerhalb Deutschlands, innerhalb der Parteien und der Medien gegen die neue Friedenspolitik Position beziehen. Es wäre sträflich, würde ein Konzern, der auf Rüstung und damit auch auf Konfrontation angewiesen ist, nicht den Versuch machen, Einfluss auszuüben und dafür auch Personen zu beeinflussen und notfalls zu bezahlen, die diese Arbeit übernehmen.

Das Unternehmen verzeichnete 1990 einen Gewinn von 604 Millionen, im Jahre 2019 waren es 6,23 Milliarden, also ungefähr das Zehnfache. Aber auch 604 Millionen waren ausreichend viel, um die Einflussarbeit und Lobbyarbeit auch in Europa zu finanzieren. Und es hat sich gelohnt.[51]

Die Rüstungswirtschaft hat es zusammen mit den Vertretern aus der Politik, die für eine Politik der militärischen Stärke stärker als für Entspannung und Friedenspolitik eintreten, geschafft, die sicherheitspolitische Konzeption Deutschlands und Europas von den Füßen auf den Kopf zu stellen. Darüber war schon ausführlich in Kapitel II. 8. und 9. berichtet worden. Statt Gemeinsamer Sicherheit mit Russland gibt es Konfrontation, neuerdings auch mit China, und statt Abrüstung gibt es Aufrüstung.

Eine für die Rüstungswirtschaft wichtige Botschaft war, dass Kriege möglich und nützlich sind, und auf Europa bezogen war die Botschaft, dass auch wir hier uns an Kriegen beteiligen sollen. Damit bin ich bei der Schilderung der Tätigkeit einer Einflussperson und eines Vorgangs, bei dem wir nicht auf Indizien oder Hörensagen angewiesen sind. Die Fakten liegen auf dem Tisch:

2003 hat der US-amerikanische Präsident George W. Bush den deutschen Bundeskanzler Schröder und die deutsche Bundesregierung aufgefordert, sich am Irak Krieg zu beteiligen. Zur Erinnerung: Dieser Krieg wurde von den USA mit einer Manipulation begonnen. Man brach ihn vom Zaun, weil der irakische Präsident Saddam Hussein angeblich Massenvernichtungsmittel produziere. Das stimmte aber nicht. Der deutsche Bundeskanzler Schröder verweigerte damals die Zustimmung. Die deutsche Oppositionsführerin Merkel forderte in einem Beitrag für die *Washington Post*, die deutsche Bundesregierung solle sich am Irak Krieg beteiligen. Der Artikel von Merkel hatte die Überschrift: »Schroeder Doesn't Speak for All Germans.«[52]

Der *Spiegel*, damals noch ein bisschen kritischer als heute, notierte: »Merkels Bückling vor Bush.«[53]

Der Vorgang war schon deshalb erstaunlich und ungeheuerlich, weil es ein stilles Einvernehmen unter allen politisch tätigen Menschen gibt. Man unterlässt es, die eigene Regierung auf fremden Boden zu kritisieren. Und man unterlässt es ohnehin, von fremden Boden aus die Forderung des Gastlandes an das eigene Land zu unterstützen. Gegen diese Regeln hat Merkel verstoßen. Für mich war damals klar geworden, dass diese wichtige Politikerin eine Einflussperson der USA und der NATO in Deutschland ist. Sie hat kein Etikett an ihrem Kostüm und trägt auch keine Hosen mit der amerikanischen Flagge. Aber es gibt viele Vorfälle, die als Indizien die geäußerte Vermutung bestätigen.

Zwei von Merkel vorangetriebene Personalentscheidungen will ich in diesem Zusammenhang nennen. Die Bundeskanzlerin hat ihre Parteifreundin Kramp-Karrenbauer zur Verteidigungsministerin und auch zur Parteivorsitzenden gemacht, genauer gesagt vorgeschlagen. Diese Ministerin könnte direkt der Sphäre des Kalten Krieges der 1950er-Jahre entstiegen sein. Sie gebraucht die gleichen Formeln, die damals das Konzept beschrieben: »Abschreckung« und »Politik der Stärke«.

Die Bundeskanzlerin hat außerdem ihre Parteifreundin von der Leyen, die als Verteidigungsministerin sowohl die Aufrüstung als auch die Provokation Russlands durch Auftritte in den baltischen Staaten mitgemacht hat und die alles andere als eine erfolgreiche, korrekte Ministern war, zusammen mit osteuropäischen und stark von den USA beeinflussten Politikern auf den Platz der Kommissionspräsidentin in Brüssel gehievt. Von der Leyen kam wie Zieten aus dem Busch. Die Vernunft dieser Personalentscheidung ist schwer zu erfassen. Es war unter anderem ein Geschenk an die USA.

Sehr wohl weiß ich, dass andere Menschen die Person Angela Merkel und ihre Politik anders sehen. So ist die Welt nun mal.

Zum Komplex Einfluss der Rüstungswirtschaft auf die Politik wäre noch vieles zu ergänzen. Zum Beispiel, dass die Zusammensetzung des Verteidigungsausschusses erste Anhaltspunkte über die Tätigkeit von Einflusspersonen gibt. Oder dass der heutige Generalsekretär der SPD, Lars Klingbeil, früher in einem Lobbyverein für Wehrkunde aktiv war.[54] Außerdem bleibt noch zu erwähnen, dass auch auswärtige Politiker auf die Willensbildung zur Militärpolitik in Deutschland Einfluss genommen haben. Als ich noch Mitglied des Deutschen Bundestags war, habe ich des Öfteren erlebt, dass Mitglieder meiner Fraktion von Treffen mit ausländischen Kollegen berichteten. Dabei tauchte dann immer wieder die gleiche Formulierung und Forderung auf: Die Deutschen sollten endlich ein normales Land werden. »Normal« hieß, bereit zu militärischen Interventionen und zu Kriegen zu sein. Das war Anfang der 1990er-Jahre also noch vor der ersten Beteiligung der Bundeswehr im Jugoslawienkrieg 1999. Es gab auch einen Ministerpräsidenten eines befreundeten Landes, der ähnlich Stimmung machte: der italienische Ministerpräsident Bettino Craxi.

Einflusspersonen sind auf vielen Feldern der Politik aktiv und das Betätigungsfeld ist auch offen für andere Personen als Politikerinnen und Politiker. Herausragend profiliert haben sich in diesem Milieu Wissenschaftler und Journalisten.

Gut bekannt und dokumentiert ist die Arbeit von Wissenschaftlern und Politikern als Einflusspersonen bei der Teilprivatisierung der Altersvorsorge. Die Professoren Börsch-Supan, Raffelhüschen, Rürup, Hans-Werner Sinn und Miegel haben anfangs des neuen Jahrhunderts in Kommissionen und bei vielen anderen Gelegenheiten den Eindruck erweckt, die gesetzliche Rente bringe es nicht mehr, sie reiche angesichts des demographischen Wandels nicht aus für die Altersvorsorge, kapitalgedeckte private zusätzliche Altersvorsorge sei notwendig und diese müsse man von staatlicher Seite aus fördern. Damals hat sich auch der zuständigen Minister Riester in diese Linie der Agitation und der politischen Einschaltung eingereiht.

Schön an diesem Vorgang ist, dass die Interessenverflechtungen deutlich erkennbar waren und/oder dann später besonders sichtbar wurden: Professor Börsch-Supan war Leiter eines Instituts in Mannheim, des MEA (*Mannheim* Research *Institute* for the Economics of Aging). Dieses wurde finanziert vom Land Baden-Württemberg und von der deutschen Versicherungswirtschaft. Auch das Institut von Raffelhüschen in Freiburg ist interessierten Unternehmen verbunden. Seine Nähe zur Versicherungswirtschaft kam in einer Dokumentation des Saarländischen Rundfunks mit dem Titel »Rentenangst« sehr gut zum Vorschein.[55] Professor Rürup gründete zusammen mit dem Finanzdienstleister Maschmeyer eine Aktiengesellschaft, die MaschmeyerRürup AG; ihr Zweck war die Beratung bei der Privatisierung der Altersvorsorge. Der nicht mehr amtierende Sozialminister Riester reihte sich in diese AG ein. Zu dieser Zusammenarbeit gibt es eine aufschlussreiche Abbildung in einer Super Illu aus dem Jahre 2007. Rürup und der ehemalige Sozialminister Riester reichen sich die Hände, der Finanzdienstleister in der Mitte legt die Hand auf und segnet den Deal.

Was soll man mit einer solchen Situation anfangen? Überall stinkt es. Wo man hinschaut.

13. Korruption bewegt die Welt

Korruption bewegt die Welt – damit ist gemeint, dass heute wichtige gesellschaftliche Einrichtungen und große Linien der Politik von großen, teilweise weltpolitischen Erwägungen, teilweise von großen Ideologien bestimmt sind und dass diese sich zur Durchsetzung ihres Interesses bei Menschen bedienen, die zu diesen Akten der Korruption bereit sind.

Politische Korruption gibt es schon lange. Beschaffungen für die Bundeswehr, große Bauvorhaben der Regierung, der Export von U-Booten, Verschiebungen hin zur privaten Krankenkasse waren immer schon mit Einflussnahmen von Personen verbunden, die die Interessen der Begünstigten einer politischen Entscheidung vertraten. Über den ehemaligen Vorsitzenden der CSU, Bundesfinanzminister und bayerischen Ministerpräsidenten Franz Josef Strauß und dessen Entourage kann man gar nicht ehrlich sprechen, ohne an solche Vorgänge zu denken. In meinen Bonner Tagen spielte ein wichtiger FDP-Politiker eine Rolle. Er war Mitglied einschlägiger Aufsichtsräte der Versicherungswirtschaft: Graf Lambsdorff. Für die CDU war ein Politiker im Europaparlament, der gleichzeitig für Bertelsmann arbeitete: Elmar Brok. Er war von 1980 bis 2019 Mitglied des Europäischen Parlaments. Und er leitete von 1992 an als Europabeauftragter des Vorstandes der Bertelsmann AG das Brüsseler Lobby-Büro von Bertelsmann. Von 2004 bis 2011 war er Senior Vice President Media Development des Konzerns. Dicker und zugleich unauffälliger geht Lobbyarbeit und politische Korruption nicht.

Es gibt eine Reihe von Abgeordneten, die die Interessen ihrer Nebentätigkeiten auch in den Parlamenten vertreten, denen sie angehören. Diese Kombination kann man zu Recht auch eine Art der politischen Korruption nennen. Alle diese Abgeordneten sind gewählt, um unabhängig und frei die Interessen des deutschen Volkes zu vertreten. Aber sie vertreten zumindest auch, wenn nicht zuallererst, die Interessen der Unternehmen und der Verbände, mit deren Unterstützung sie in den Deutschen Bundestag oder in das Europaparlament gelangt sind.

Politische Korruption wird auf wirklich vielfältige Weise ausgeübt. So hat die FDP 2010, als sie in einer schwarz-gelben Koalition war, dafür gesorgt, dass die Mehrwertsteuer für Hotels gesenkt wurde. Schon im Vorweg dieser Entscheidung hat die

Partei eine außerordentlich hohe Spende überwiesen bekommen. Die Düsseldorfer Substantia AG zahlte insgesamt 1,1 Millionen Euro. Sie ist Eigentümerin der Mövenpick-Hotels.[56]

Der FDP-Vorsitzende Lindner ist Profiteur einer anderen Form der Korruption. Er hat 2019 Nebeneinkünfte von mehr als 300 000 Euro angegeben. Diesen hohen Betrag hat er als Honorare für 50 Vorträge erhalten, also im Schnitt 6 000 Euro pro Vortrag.[57] Dies zahlt man im Schnitt nicht für Vorträge von Lindner. Das ist eine verdeckte Parteienfinanzierung; damit wurde der Vorsitzende der FDP bezahlt. Und das kann man mit Fug und Recht auch eine Art von Korruption nennen.

In die Reihe der sonderbaren und nicht erklärbaren politischen Entscheidungen gehört die Flut von Beratungshonoraren, die die Bundesverteidigungsministerin von der Leyen hat auszahlen lassen. Das waren einige 100 Millionen[58], ohne Ausschreibung und meist ohne Erfolg. Was hat die Ministerin dafür bekommen? Oder haben andere dafür etwas bekommen? Das wurde alles nicht richtig aufgeklärt. Die verantwortliche Ministerin wurde nach Brüssel befördert und die Staatssekretärin, die von ihr von außen geholt worden war, Katrin Suder, wurde im Apparat befördert. Das ist alles unglaublich unappetitlich und wirklich ein Unterschied zu den Zeiten der Regierung Kiesinger, Brandt und Schmidt.

Lindner ist bei Weitem nicht der Spitzenverdiener unter den Abgeordneten. Der frühere Verkehrsminister Peter Ramsauer bezog laut Angaben von 2019 seit November 2017 mindestens 487 500 Euro. Mehr als jeder vierte Abgeordnete verdient nebenher, mit zuletzt steigender Tendenz.[59] Man muss zu Ehren des größeren Restes, also der gut 70 Prozent aller Abgeordneten, sagen, dass diese offenbar weiter der veralteten Meinung huldigen, die der SPD-Fraktionsvorsitzende Mützenich so formuliert hat: »Für mich ist der Beruf des Abgeordneten ein Vollzeitjob.«[60] So sollte es eigentlich generell sein.

Es soll hier nicht der Eindruck vermittelt werden, als wären die Abgeordneten die einzigen und die eigentlich schlimmen Missetäter. Unter den Ministern und Beamten läuft auch viel. Und übrigens auch in anderen Bereichen, einschließlich der Wissenschaft. Bevor ich darauf zu sprechen komme, noch ein anderer Vorgang, der aus meiner Sicht in die Kategorie Korruption gehört: Beginnend mit der Regierungszeit von Kohl wurde systematisch privatisiert. Dabei und vor allem bei den Privatisierungen nach der Vereinigung beider Teile Deutschlands und im Kontext der Treuhand gibt es eine Fülle von Fällen, die man der Korruption zurechnen muss.

Es gibt noch einen speziellen Vorgang, der tief blicken lässt: In der Regierungszeit Kohls und Schröders wurde die Ministerialbürokratie ausgedünnt, der Staat wurde schlanker gemacht. Fachleute wurden nicht ersetzt. Stattdessen wurde der Schwund durch das Anheuern von Rechtsanwaltskanzleien ausgeglichen, denen man in entscheidenden Themenfeldern das Schreiben der Gesetze und Verordnungen übertragen hat. Korrupter kann ein Staat eigentlich nicht werden.

Ich verweise noch mal auf das Beispiel der Privatisierung der Altersvorsorge. Dieses wurde von einem Kreis von Ökonomen betrieben und dann in Kombination mit dem zuständigen Minister Riester und dem Finanzdienstleister Maschmeyer weitergeführt. Ich erwähne dieses Beispiel noch einmal, weil an diesem Beispiel sichtbar wird, dass hier eine wichtige Einrichtung unserer Gesellschaft mithilfe von Korruption verändert wurde.

Mir bleibt in diesem Zusammenhang rätselhaft, dass die SPD, die sich eigentlich rühmt, die Partei der »kleinen Leute« und die Partei der sozialen Sicherheit zu sein, unbeirrt, rigoros und konsequent bei dieser Teilprivatisierung der Altersvorsorge bleibt und neben den anderen Parteien und der Lobby antreibend mitmacht. Sie hat auch, nachdem klar geworden war, dass die Riester-Rente ein Flop ist und die

Entgeltumwandlung zur Förderung der staatlich geförderten betrieblichen Altersvorsorge nicht viel gebracht hat, stur an dieser Richtung der Politik festgehalten. Darüber redet man nicht. Sind die Sozialdemokraten bei der Gestaltung der Altersvorsorge nicht mehr frei?

An diesem Beispiel wird sichtbar, wie anders die aktuelle Korruption im Vergleich zu früher ist. In den Jahren, die ich persönlich und beruflich verfolgt und bekleidet habe, in den 1960er- und 1970er-Jahren gab es keine politische Korruption dieser Größenordnung, zum Beispiel keine totale Veränderung des Systems der sozialen Sicherheit. Aber in den ersten Jahren des neuen Jahrhunderts war das möglich geworden. Die Scheu ist verloren gegangen.

Auch die Auflösung der Deutschland AG halte ich für einen Akt der politischen Korruption. Hier wurden politische Entscheidungen zur Entlastung reicher Kapitaleigner und zur Freude internationaler Finanzkonzerne, die die deutschen Unternehmen übernommen haben und noch übernehmen werden, getroffen. Es stinkt wirklich überall.

Jetzt will ich noch den Versuch machen zu erläutern, dass nicht nur wichtige gesellschaftspolitische Entscheidungen und Einrichtungen privaten Interessen ausgeliefert wurden und deshalb als Teil der politischen Korruption betrachtet werden müssen. Es wurde auch die Entscheidung von 1990, in Europa Frieden ohne Konfrontation zu halten und auf gemeinsame Sicherheit auch mit Russland zu setzen, in einem allumfassenden Akt der politischen Korruption über den Haufen geworfen. Wenn zum Beispiel innerhalb der SPD, die man als die Partei der Entspannungs- und Friedenspolitik bezeichnen kann und die sich wesentlich für den Erfolg von 1989/1990 verantwortlich zeichnet, ein totaler Meinungswandel hin zur Konfrontation stattgefunden hat, nicht bei allen, sondern mehrheitlich, dann ist das auch das Ergebnis einer vielfältigen und viele Personen umfassenden politischen Korruption. Das folgte mit hoher Wahrscheinlichkeit aus einer großen Anstrengung gemeinsam agierender Einrichtungen. Zu dieser Koalition zählten Kreise innerhalb der SPD, im konkreten Fall die sogenannten Seeheimer, dann zählte zu diesen Kreisen eindeutig amerikanische Einrichtungen und NGOs sowie Journalisten und Medien und vor allem auch die Rüstungswirtschaft. Sie haben es geschafft, die ehemalige Friedenspartei umzudrehen. Siehe Kapitel II. 8.

Das nächste große Feld, das zu untersuchen wäre, wenn etwas mehr Fakten bekannt sind, ist die Corona-Politik. Das kann alles korrekt zugegangen sein. Es kann aber auch ein Riesenerfolg der Pharmaindustrie und der Pharmaforschung sein. Es kann sein, dass diese im Wesentlichen die politischen Linien dieser Politik bestimmt haben. Eine Reihe von Äußerungen auch von politischer Seite spricht dafür. Viel zu früh war die Rede davon, dass die Pandemie erst vorbei sei, wenn ein Impfstoff vorliege. Andere Möglichkeiten, mit den Gefahren der Pandemie zurechtzukommen, wurden damit beiseitegeschoben. Die schon erwähnte Strategie der Angsterzeugung und des kollektiven Wahns sprechen ebenfalls für eine bewusste Aktion zugunsten einer starken Lobby. Aber es kann auch anders sein.

14. Mieser Umgang der Politik mit den Menschen. Die neue Corona-Erfahrung

Große Teile der öffentlichen Debatte und der öffentlichen Aufmerksamkeit gehen an der Mehrheit der Menschen und ganz besonders an den finanziell schlechter gestellten Menschen schlicht vorbei. Die Debatte ist manchmal provokativ, auf jeden Fall nicht plural, sondern konzentriert auf das eigene Milieu. Die typischen Lohnabhängigen kommen nicht vor, ihre

Vertreterinnen und Vertreter, die Gewerkschaften und Betriebsräte spielen in der Regel – mit Ausnahme von Cockpit und Fluglotsen – in der öffentlichen Diskussion keine Rolle mehr. Habenichtse haben nicht viel zu sagen. Über sie wird auch nicht viel gesagt und auch offenbar nicht viel nachgedacht.

Als sich die Schere zwischen Reich und Arm ab den 1980er-Jahren wieder erkennbar öffnete und es vielen Menschen, die arbeitslos waren, prekären Arbeitsverhältnissen hatten oder Hartz IV bezogen, nicht gut ging, tönten die damals politisch Verantwortlichen, uns allen gehe es gut. Ein Wirtschaftsminister sprach gar von einem Wirtschaftswunder. Das war Rainer Brüderle.

Einer großen Zahl von Menschen ging es aber gar nicht gut. An ihnen ging das »Wirtschaftswunder« spurlos vorbei. Sie mussten sich missachtet fühlen. Nicht nur das, die lauten Töne darüber, dass es uns allen gut gehe, beförderten die vielen Menschen, für die das nicht zutraf, in eine Ecke des Schweigens. Was sollten sie auch sagen? Sollten Sie bekennen, dass sie nicht dazugehören? Wahrscheinlich haben sehr viele wegen dieses psychischen Drucks gar nicht protestiert und auch deshalb wurde kein Widerspruch laut. Diese Missachtung der Mehrheit der Bürgerinnen und Bürger, denen es gar nicht so üppig ging und geht, ist Usus geworden. Das hat auch damit zu tun, dass heute die meisten Journalistinnen und Journalisten aus den wohlhabenden Schichten kommen.

Von Politik und Medien wurde zum Beispiel immer wieder die Schwarze Null gepriesen. Jene aber, die darunter leiden, wenn bei den Schulen, Kindergärten und der öffentlichen Infrastruktur gespart wird oder wenn sie privatisiert wird und Gebühren anfallen, leiden unter dieser Art von Finanzpolitik. Ich wies schon darauf hin, dass sich Reiche einen armen Staat leichter leisten können als die Ärmeren. In den letzten Jahren mussten die Ärmeren nicht nur erdulden, dass der Staat nicht mehr so leistungsfähig war, sie mussten sich die Lobeshymnen für die Schwarze Null auch noch mit anhören und abnicken.

Die gesellschaftliche Durchlässigkeit geht zurück. Es gibt wieder Familien, und zwar viele, die sich weiterführende Schulen und das Studium ihrer Kinder nicht leisten können. 2,8 Millionen Kinder gelten als arm. 13,8 Prozent der Kinder leben in Hartz IV-Familien.[61] Ihre schwierige Lage wird durch die Pandemie und die Maßnahmen dagegen noch verschärft. Das hat auch damit zu tun, dass ihre Eltern oft prekäre Arbeitsverhältnisse haben und in schwierigen Zeiten als erste entlassen werden. Oder sie haben schwarz gearbeitet – wofür ihre Kinder nichts können –, aber sie sind betroffen davon.

Ein besonders gutes Exempel für die Missachtung der Wohlfahrt der unteren Hälfte unseres Volkes ist die sogenannte Gentrifizierung. Das ist ein komisches Wort. Ich will es übersetzen: Familien mit niedrigen Einkommen, ärmere Personen wurden und werden aus ihren üblichen Wohngegenden verdrängt. Sie müssen in die Außenbezirke oder sogar jenseits der Stadtgrenze umziehen. Ihre früheren Wohnquartiere und die schön sanierten Innenstädte werden zu Anlageobjekten reicher Personen und von Wohnungsunternehmen für die Reicheren. Die Ärmeren müssen dann in der Regel auch noch weitere Wege zur Arbeit, zum Einkauf und zur Teilhabe am öffentlichen städtischen Leben auf sich nehmen.

Die politisch Verantwortlichen sind in diesen Tagen nicht nur im Umgang mit den weniger begüterten unfreundlich und rücksichtslos. Sie haben sich allen Ernstes zu Beginn der Corona-Krise vorgenommen, den Menschen Angst zu machen. Diese Empfehlung ist in einem Papier des Bundesinnenministeriums enthalten, das als Entscheidungsgrundlage für die Corona-Politik diente.[62] Die Angst war einkalkuliert, weil damit Menschen offensichtlich gefügiger werden, Abstandsregeln und Maskenpflicht einhalten und akzeptieren. Dennoch ist dieser Akt nicht akzeptabel. Er ist ein Zeichen wirklich üblen Niedergangs.

15. Wir haben eure Wohnungen verkloppt

In den 1960er-, 70er- und 80er-Jahren hatte ich zwei Freunde, die sich viel mit Wohnungen, Wohnungsbau und Mieten beschäftigten. Der eine war zunächst auf kommunaler Ebene beruflich mit dem Thema verknüpft und später in einem Verband tätig. Ihn traf ich zufällig 2006 im Berliner Bahnhof Zoo. Unterwegs hatte ich davon gelesen, dass die Stadt Dresden alle ihre 47 000 Wohnungen im städtischen Besitz verkaufen wolle. Ich wies meinem Freund darauf hin und dachte, Unterstützung für meinen Protest zu bekommen. Das war aber leider nicht so. Er fand, obwohl eigentlich für kommunalen Wohnungsbestand und Wohnungsbau zuständig, den Verkauf völlig in Ordnung. Der andere Freund hatte beratend mit Wohnungen und Bauen zu tun und war, obwohl politisch ganz anderer Herkunft, dafür, dass in Berlin wie anderswo öffentliche Wohnungsbestände an private sogenannte Investoren verkauft werden. Der Berliner Finanzsenator Thilo Sarrazin fand das selbstredend in Ordnung. Wie im Falle Dresdens konnte man auf diese Weise die Schulden der Stadt senken. Das ist klar, das ist wie in jeder Familie: Wenn man das Häuschen verkauft, wird man seine Schulden los und hat sogar noch etwas auf dem Konto. So war es auch im Falle Dresdens. Nach dem Verkauf für 981 Millionen Euro hatte die Stadt noch mehr als 200 Millionen übrig. Man verkauft das Tafelsilber und freut sich. Aber man ist dann ohne Häuschen.

Man sieht an diesem Beispiel gut den Zusammenhang zwischen der allgemein verordneten Sparpolitik und der Privatisierung. Beides gehört zusammen und beides führte im konkreten Fall der Wohnungen zu einer heute miserablen Situation. Die neuen Eigentümer erfreuen sich steigender Immobilienpreise und steigender Mieten. Viele Mieter zahlen einen viel zu hohen Anteil ihres Einkommens für Miete; oder sie können sie nicht mehr bezahlen und müssen ausziehen, nach draußen, oft jenseits der Stadtgrenze.

Manche Städte wie etwa Berlin kaufen in neuerer Zeit, um Sozialwohnungen anbieten zu können, einen Teil der alten Bestände wieder zurück, oft für das Mehrfache dessen, was sie bei der Privatisierungswelle erhalten haben. Berlin steht für den Brennpunkt einer solchen Entwicklung. Doch wenn ein Senat meint, er könne explodierende Mieten nicht hinnehmen und einen Mietendeckel einführt, dann schreien Investoren wie Journalisten und die gesamte neoliberal durchwirkte Entourage auf.

Die neoliberale Ideologie hatte viele Geister verwirrt. Es war ja auch so eingängig. Es war so modern, nicht mehr so sozial zu sein, rechnen und spekulieren zu können. Damals, in den 1990ern, glaubten auch Menschen, die früher mal zum progressiven Teil unserer Gesellschaft gehörten, bei Spekulationen würden, wenn die Preise steigen, Werte geschaffen.

Bundeskanzler Helmut Kohl ergriff in den 1990ern die Initiative zum Verkauf der Eisenbahner Wohnungen. In Zeiten der Regierung Schröder wurde dieser Verkauf vollzogen, gegen den Protest der Eisenbahnergewerkschaft. Der Bund ließ die Eisenbahner Wohnungen privatisieren. Sie kamen in den Besitz von Vonovia.[63]

Der gesamte Vorgang der Privatisierung von öffentlichen Wohnungsbeständen passt ins Bild der Verschiebung der Vermögensverteilung. Die Reichen haben dadurch viel gewonnen, unter anderem auch aufgrund der besonderen Preissteigerungen in diesem Bereich.

16. Die Würde des Menschen ist unantastbar – und millionenfach verletzt

In Art. 1 unseres Grundgesetzes ist das Versprechen formuliert. Wörtlich heißt es dort vollständig:

»(1) Die Würde des Menschen ist unantastbar. Sie zu achten und zu schützen ist Verpflichtung aller staatlichen Gewalt.«

Dieses Versprechen gilt allen Menschen, Einheimischen und Fremden. Und es ist eine Verpflichtung für die Regierenden. Dieses Versprechen wird heute vielfach gebrochen.

Wie sehr, darüber gibt es sicher Meinungsverschiedenheiten. Aus meiner Sicht verletzt Leiharbeit in der Regel schon die Würde der betroffenen Menschen – zumindest dann, wenn sie diese Art der Beschäftigung nicht freiwillig gewählt haben, wenn sie dazu gezwungen waren, weil sie eine andere Form von Arbeitsstelle nicht bekommen konnten.

Auch befristete Arbeitsverhältnisse, die systematisch angewandt werden und Hunderttausende von Menschen betreffen, halte ich für eine Verletzung der Menschenwürde. Der Gebrauch dieser Art von Verträgen hat zugenommen und deshalb gehört dieses Beispiel zu den Belegen für stattgefundene schlimme Veränderungen, für Rückschritt.

Wenn ein Mensch über mehrere Tage und Nächte im Führerhaus eines LKWs lebt, arbeitet, schläft und isst, wenn Menschen gezwungen sind, immer wieder und für längere Zeit ihre Familie zu verlassen, dann wird damit die Würde dieser Menschen und ihrer Partnerinnen und Partner sowie ihrer Kinder verletzt. Immerhin hat das Europäische Parlament dies erkannt und im Juli 2020 neue Regeln verabschiedet, die den europäischen Fahrern geregelte Ruhezeiten, mehr Zeit zu Hause und eine faire Bezahlung zusichern. Sie sollen danach ihre Wochenenden nicht mehr in der Fahrerkabine zubringen dürfen. Immerhin, aber das ist noch nicht Realität und mit hoher Wahrscheinlichkeit wird es sich auf vielfältige Weise umgehen lassen. Weil die betroffenen Fahrer oft gar nicht anders können und weil sie am kürzeren Hebel sitzen.

Es ist ein Verstoß gegen Art. 1 unseres Grundgesetzes, dass wir Wanderarbeiter und Arbeiterinnen aus osteuropäischen Ländern in Deutschlands Fleischfabriken zu billigen Löhnen arbeiten lassen und zusammengepfercht in den Unterkünften hausen lassen. Manchmal einer im Bett dessen, der gerade die Schicht beim Fleischzerlegen fährt. Und umgekehrt. Dass in den deutschen Fleischfabriken und in den Unterkünften die Würde des Menschen und der Art. 1 unseres Grundgesetzes verletzt werden, hätte die Bundesregierung auch vor der Pandemie merken können. Das war alles bekannt. Aber wer kontrolliert, dass Art. 1 unseres Grundgesetzes befolgt wird?

Es ist nicht zu bestreiten, dass die Wahrung der Würde von Menschen manchmal etwas kosten würde, manchmal nur etwas mehr Nachdenken, oft aber auch mehr Geld, mehr Lohn, eine andere Handels- und Verkehrspolitik. Das Fleisch würde vielleicht teurer, wenn die Arbeiterinnen und Arbeiter in den fleischverarbeitenden Betrieben etwas würdiger behandelt würden. Die sogenannte Globalisierung würde nicht so geschmiert laufen, wenn die LKW-Fahrer und -Fahrerinnen wie würdige Menschen behandelt würden und nicht zu Billiglöhnen und ohne menschenwürdige Unterbringung die produzierten Waren durch Europa schleppen würden. Ähnliches gilt für die Schifffahrt.

Die deutsche Bundesregierung, der Internationale Währungsfonds und die EZB, die Europäische Zentralbank, haben vereint die Würde von Menschen verletzt, als sie zum Beispiel Griechenland zu einer rigorosen Sparpolitik und zur Streichung sozialer Leistungen, genannt Reformen, zwangen.

Die Arbeitslosigkeit in Griechenland stieg auf 27,6 Prozent, die Jugendarbeitslosigkeit gar auf 59,2 Prozent.[64] Die Selbstmordrate stieg um 45 Prozent und die Kindersterblichkeitsrate um 43 Prozent.[65] Obwohl hier wirklich die Würde von vielen Menschen mit Füßen getreten wurde, haben sich die Verantwortlichen gegenseitig auf die Schultern geklopft, mit der Schwarzen Null politische Reklame gemacht und Wahlen gewonnen. Ja, mit der Verletzung der Menschenwürde gewinnt man Wahlen.

Die Corona-Pandemie und die politischen Antworten darauf haben in Krankenhäusern und Altenheimen dazu geführt, dass Menschen längere Zeit, teilweise wochenlang isoliert wurden, keinen Besuch empfangen konnten, aber auch nicht angemessen betreut wurden. Das war für ältere Menschen, aber nicht nur für sie, oft unbegreiflich und eine wirklich bösartige Verletzung der Menschenwürde – auch wenn dies einem höheren Zweck, nämlich dem Schutz vor Ansteckung, diente. Doch oft waren die Isolierungen nicht notwendig, sondern eher ein Ergebnis pauschal verordneter Schutzmaßnahmen.

Es verstößt auch gegen die Würde des Menschen, wenn Kinder in einem Alter, das sie nicht verstehen lässt, was geschieht, wegen der Corona-Gefahr in den Wohnungen der Familien eingesperrt werden. Wegen der Corona-Krise ist die Würde von Menschen reihenweise verletzt worden. Teilweise, zugestandener Maßen, aus Not und Zwang und weil es keine Alternativen gab, zu einem beachtlichen Teil, aber auch aus Gedankenlosigkeit und mangelndem Muts oder aufgrund einer Überzeichnung der Gefahr, die von dem Virus ausgeht.

17. Wandel der Natur und Umwelt

Wir leben auf dem Land. Als ich vor 40 Jahre hierher zog, gab es Schleiereulen, am Abend sang die Nachtigall und man hörte das Käuzchen in der Nacht. Im Gestrüpp entdeckte ich eine Blindschleiche, im Hof gelegentlich einen Igel und Mäuse gab es auch genug. Auf dem Schleichweg vom Nachbardorf über Wiesen und Äcker tummelten sich Wiedehopfe, Rebhühner und Lerchen. Fast alles ist weg. Wirklich weg. Gut, das mag an der Chemisierung der Landwirtschaft, insbesondere des Weinbaus liegen. Aber das alleine kann es nicht sein und wenn es so wäre, dann würde es der Natur auch nicht helfen.

Angesichts dieses spürbaren Verfalls der Artenvielfalt kann ich den Streit darüber, ob es Klimawandel gibt oder nicht, nicht nachvollziehen. Man müsste sich mindestens darauf verständigen können, dass es einen bedrohlichen Wandel bei Natur und Umwelt gibt und dass wir alle Gründe dafür haben, das so nicht weiterlaufen zu lassen.

Es ist aber offensichtlich alles so angelegt: Die Chemisierung der Landwirtschaft geht weiter, der Straßenverkehr machte wegen Corona eine kleine Pause und ist jetzt wieder voll da. Der Luftverkehr machte auch eine Pause und ist wieder zurück.

Die Krise der Lufthansa, die von der Corona-Krise und der Antwort der Politik ausgelöst wurde, wurde nicht zum Nachdenken benutzt. Man hätte ja überlegen können, ob man wenigstens einen Teil des Luftverkehrs sparen kann. Schließlich hatten Homeoffice und andere Erfahrungen in der Krise gezeigt, dass man nicht so viel fliegen muss, dass man viel zu Hause erledigen kann, dass man Konferenzen über das Netz machen kann, dass man nicht unbedingt ganz weit reisen muss, um Urlaub zu machen.

Das alles haben wir doch erlebt. Aber diese Erfahrung hat keinerlei Konsequenzen. Wir Steuerzahler beteiligen uns an der

Lufthansa, wir geben einen sagenhaft großen Kredit, wir mussten uns auch noch mit dem Hauptaktionär auseinandersetzen und ihm dankbar sein, dass er unsere Hilfe angenommen hat. Statt so zu verfahren, hätten wir vielleicht auch wirklich fragen können: Was ist zu tun, damit wir möglichst viele Menschen, die bei der Lufthansa arbeiten, auffangen und sie in andere Berufe vermitteln können. Damit es möglich wird, Luftverkehr wie auch Straßenverkehr, wo immer es geht, zu vermeiden.

Es ist so klar, was zu tun ist: Wir müssten Verkehr vermeiden, wir müssten die Produktion und den Austausch von Waren weniger global machen, eine stärkere regionale Arbeitsteilung anstreben, um auf diese Weise Klima und Umwelt und unsere Nerven zu schonen. Aber daran hat unsere Bundeskanzlerin wahrscheinlich keine Sekunde gedacht. Man hat sich für die Subvention der Lufthansa entschieden, mit einem Rettungspaket von neun Milliarden Euro und die Regierung erklärt dann obendrein noch, dass es die Subvention ohne jegliches Mitspracherecht gibt. Das ist schon toll. Die neoliberale Ideologie beherrscht uns nicht nur. Wir müssen auch noch dankbar dafür sein, dass sie uns beherrscht.

18. Die EU ist kaputt

Eigentlich ist die Idee grandios und die Praxis könnte genauso sein: ein Kontinent mit verschiedenen Völkern, verschiedenen Sprachen, verschiedenen Gewohnheiten und doch eine Einheit: Europa. Europa könnte ein Exempel kultureller Vielfalt und Zusammenarbeit sein. Es könnte ein Exempel dafür sein, dass man wirtschaftlich, kulturell und politisch zusammenarbeitet, trotz der Vielfalt. Europa könnte eine Friedensmacht sein. So wie das in der KSZE in Helsinki angelegt und in der OSZE weitergeführt wurde.

Schon alleine die Praxis im Umgang mit diesen beiden Errungenschaften deutet den Niedergang der Europäischen Einheit, der europäischen Idee und des Gedankens von Frieden und Zusammenarbeit an. Die OSZE ist nahezu eingeschlafen und voller innerer Konflikte. Dort war vorgesehen, dass alle Völker Europas also auch die Russen Teil dieses gemeinsamen Europas sein sollten. Sie sind es nicht mehr, sie sind quasi ausgeschlossen. Nur gelegentlich erinnert man sich an diese Organisationen und mobilisiert den Grundgedanken, zum Beispiel beim Versuch, in der Ukraine Frieden zu schaffen oder zumindest Konflikte aufzuklären.

Ansonsten haben die bestimmenden Kräfte entdeckt, dass Europa jetzt auch eine militärische Kraft werden soll, natürlich eingeordnet in das westliche Bündnis. Aber es sollen auf vielen Feldern eigene Kapazitäten der militärischen Macht aufgebaut werden und diese Europäische Union soll dann zusammen oder im Wechselspiel mit der NATO weltweit tätig werden. So war Europa eigentlich nicht gedacht.

Das Europa der Europäischen Union ist ohnehin weit entfernt von der oben skizzierten Grundidee. Und es hat in der Praxis Schwächen, die an die Substanz gehen könnten.

Die EU und Covid-19

Wie wenig gefestigt und maßgeblich der europäische Gedanke ist, wenn es ernst wird, konnte man beim Umgang mit Europa in der Corona-Krise sehen:

In Italien und Frankreich fehlten Intensivbetten. In Deutschland waren viele Betten frei. Erst nach öffentlichen Protesten wurde Nachbarschaftshilfe organisiert und Menschen aus Italien und dem Elsass in deutschen Kliniken behandelt.

Deutschland hat ohne Absprache mit den Nachbarn Luxemburg und Frankreich die Grenzen geschlossen, dann einige geöffnet und andere dicht gelassen. Das hatte praktische antieuropäische Folgen vor allem für die Regionen, die eng miteinander verflochten sind. Das gilt für die gesamte Grenze von Basel/Mulhouse entlang des Oberrheins bis Karlsruhe und von dort nach Westen bis Saarbrücken und Luxemburg. Die Regionen sind eng miteinander verflochten: Menschen aus dem Elsass arbeiten in der Südpfalz und in Karlsruhe. Menschen aus Lothringen arbeiten im Saarland. Deutsche aus dem Raum Trier arbeiten in Luxemburg. Und umgekehrt. Für viele war der direkte Weg gesperrt. Einseitig verfügt von der deutschen Bundesregierung. Der Bürgermeister von Scheibenhardt (Frankreich) konnte nicht mehr über die Brücke der Lauter nach Scheibenhardt (Deutschland). Die Verfügungen der deutschen Seite hat die Zusammenarbeit, für die es auch eingespielte Formen und Einrichtungen wie etwa Pamina gibt, aufs Spiel gesetzt. Und den Geist der Zusammenarbeit beschädigt.

Auf deutscher Seite wurde dann auch noch anhaltend mit dem Instrument der Reisewarnung gespielt. So lange, bis die Urlaubsplanungen vieler Menschen abgeschlossen waren und Regionen im Süden und Südosten Europas bei der Urlaubsplanung hinten runtergefallen waren. Da kam ein ganz billiger Nationalismus zum Vorschein, teilweise landsmannschaftlich eingefärbt nach dem Motto: Hier in Bayern ist es schön, wir Bayern wollen Urlaubsströme zu uns ins Land lenken und abkassieren. Diese Kleinigkeit muss erwähnt werden, weil der egoistische arrogante Geist sichtbar wird, der sich inzwischen in Europa ausgebreitet hat.

Der in der Corona-Krise aufkeimende Egoismus und miese Umgang mit europäischen Partnern haben Vorläufer. Es ist daran zu erinnern, wie unsolidarisch europäische Staaten in der Flüchtlingskrise miteinander umgingen und umgehen. Einige osteuropäische Staaten schotten sich ab. Griechenland wurde mit seinen Problemen, die durch die Flucht auf griechische Inseln nahe dem türkischen Festland entstanden waren, lange

Zeit alleine gelassen. EU Außengrenze ist EU Außengrenze – was kümmert uns das, was dort auf den griechischen Inseln nahe der türkischen Küste an Problemen angespült wird?

Auch der Umgang mit Griechenland und seinen besonderen Problemen bei der Finanzkrise war nicht gerade von europäischem Geist erfüllt. Man hat die Griechen hängen lassen. Man hat sie beschimpft und stigmatisiert. Und man hat ihre in Wahlen gefällten demokratischen Entscheidungen über Personen und politische Inhalte missachtet. Ein Wort wie »Pleite Griechen« oder die Aufforderung »Verkauft doch eure Inseln, ihr Pleite-Griechen und die Akropolis gleich mit!«[66] hätte es eigentlich in einer europäischen Gemeinschaft nicht geben dürfen. Die *Bild*-Zeitung konnte sich diesen Umgang mit einem anderen Volk leisten, weil sie wusste, dass hochmögende deutsche Politikerinnen und Politiker genauso denken und es auch so sagen.

Lobby Einfluss und Korruption in Europa

In Kapitel II. 4. ist schon davon berichtet worden, dass der große amerikanische Kapitalsammler BlackRock in Brüssel durchgesetzt hat, dass es in Europa ein gemeinsames Modell zur Privatvorsorge fürs Alter geben soll und damit auch die vielen und guten Regeln gesetzlicher und teilweise staatlicher Altersvorsorge unterlaufen werden sollen. Das ist ein Musterbeispiel für den Einfluss der Lobby und auch der Korruption in Europa.

Dass es viel Korruption in Europa gibt, ist angesichts der Milliarden, die in Brüssel verwaltet werden, nicht verwunderlich. 2020 werden 6,2 Milliarden Euro für die Landwirtschaft ausgegeben. In einer Übersicht für die Planung von 2014 bis 2020 heißt es zur Regionalpolitik: »Die Mittel für die Regional- und Kohäsionspolitik von 2014–2020 belaufen sich auf 351,8 Mrd.«[67]

Alleine diese beiden Etats sind so ausgestattet, dass es ein Wunder wäre, wenn sie nicht Ziel von Korruption wären. Während meiner politischen Tätigkeit als Abgeordneter und vorher im Kanzleramt und Bundeswirtschaftsministerium war ich wenig mit Fragen der Europäischen Union in Kontakt, daher habe auch nicht genau beobachtet, was dort geschieht. In den 1990er-Jahren bin ich zufällig auf ein Modell gestoßen, dessen Einfachheit und dessen Realisierbarkeit verblüffend waren: A war Berater für Unternehmen und anderes. Er kannte B, der bei der Europäischen Kommission in Brüssel für Projekte der regionalen Strukturpolitik zuständig war. A tat ein Unternehmen Y in einem Land auf, das in den Genuss der Regionalförderung kam. Diesem Unternehmen beschaffte A zum einen Aufträge und zum anderen mithilfe von B die Mittel aus dem Regionalfonds aus Brüssel. Dann konnte das Geschäft auch faktisch losgehen. Y bezahlte eine angemessene Provision, die sich A wiederum mit B teilte.

Sicher gibt es noch viele andere Modelle zum Abgreifen von Geldern der Europäischen Union. Freunde in den baltischen Staaten berichten, dass man dort an der Größe der SUVs erkennt, wer am Finanzstrom der Europäischen Union partizipiert.

Steueroasen mitten in Europa

Wer sehr viel verdient, wer große Gewinne macht, hat die Möglichkeit, diese Gewinne und die darauf gezahlten Steuern kleinrechnen zu lassen. Dafür versteuert man seine Gewinne in Steueroasen. Diese gibt es mitten in Europa und an den Rändern. In Malta und auf den britischen Kanalinseln, in den Niederlanden und den USA, in Luxemburg und der Schweiz.

Sie bieten die Möglichkeit, sich weniger besteuern zu lassen als der große Rest. Dass es Steueroasen in Europa und in der westlichen Welt insgesamt noch gibt, ist ein Skandal. Aber es passt. Kommissionspräsident der Europäischen Union war jahrelang der frühere Ministerpräsident und Finanzminister des Staates Luxemburg. Dort konnte man Einkommen verstecken. Luxemburg hat, obwohl Kernland der Europäischen Union, jahrelang um solche Steuerhinterzieher geworben. Mitten in Europa. Wenn das so geht, dann kann man den vielen Kaufleuten, Beratern und Beamten, die sich ihren Anteil aus den Fördermitteln der Europäischen Union abgreifen, auch nicht böse sein.

Wir lassen es zu, dass die großen internationalen Konzerne – zum Beispiel Apple – in Irland Filialen eröffnen, die nur dazu dienen, dass die woanders erwirtschafteten Gewinne in Irland zu niedrigen Steuersätzen versteuert werden.

Wer von uns, wer aus dem normalen Volk hat die Möglichkeit, ähnlich zu verfahren. Diese Ungerechtigkeit kommt zu der Ungerechtigkeit hinzu, die in der absolut ungleichen Verteilung von Einkommen und Vermögen schon sichtbar wird.

Wenn Europa als Idee und Realität in den Herzen der Frauen und Männer in Europa überleben soll, dann muss sich dies ändern. Dafür gibt es aber bisher keine realistischen Ansatzpunkte. Ein Skandal. Eine miese, ungerechte Situation.

Der Einfluss der USA auf einzelne Länder

Plötzlich wird von der Leyen ohne Widerrede von Seiten der Regierungspartner oder Medien zur Nachfolgerung von Jean-Claude Juncker genannt und platziert. Diese lautlose Ernennung und ihre Realisierung hat möglicherweise etwas mit dem besonderen Einfluss der USA auf einige Länder der Europäischen Union zu tun.

Zwei Dinge waren im Vorfeld der Entscheidung für von der Leyen bemerkenswert: erstens, die erwähnte und in der Bundesregierung und großen Koalition nicht abgesprochene Bereitschaft, dem von den USA vorgegebenen Ziel zur Erhöhung des Verteidigungsetats um zwei Prozent nachzukommen. Von der Leyen hat auffallend schnell und frech, so könnte man sagen, schon im März 2017 ihre Zustimmung zu diesem Ziel erteilt.[68] Zweitens die Sonderbeziehungen der USA zu einzelnen Staaten insbesondere Mittel- und Osteuropas, zu Polen, zu den meisten baltischen Staaten, zu Rumänien. Zu Recht ist der Eindruck entstanden, dass die USA über ihre besonderen Beziehungen zu diesen Staaten in der europäischen Politik und auch in der Personalpolitik mitspielen. Mit Sicherheit haben sie ihren Segen für die Ernennung von Ursula von der Leyen zum wichtigsten Amt der Europäischen Union erteilt.

Das alles zusammen sind Zeichen einer schlechten Entwicklung, es sind Zeichen von Rückschritt und auch Zeichen des Abschieds von einer wirklich guten Idee, der Idee der Zusammengehörigkeit und der Eigenständigkeit der europäischen Völker.

Zwischenruf:
Uns gehts doch gut

Die Anmerkungen zum kritischen Zustand unseres Landes passen so gar nicht zum sonst üblicherweise vermittelten Eindruck, dass es uns eigentlich allen recht gut gehe. Es passt auch nicht zum Ansehen, das die Bundeskanzlerin und ihre Regierung genießen. Das sagen uns jedenfalls die Umfragen und zwischenzeitliche Wahlen bestätigen die Tendenz. Merkel ist im Höhenflug. 86 Prozent bestätigten im Juli 2020, sie habe ihre Arbeit gut gemacht.[1] Dagegen stehen die bisherigen Feststellungen:

Dagegen steht der dokumentierte Höhenflug der Ungleichheit. Das ist kein öffentliches Thema.

Dagegen steht, dass aufgerüstet wird, statt abzurüsten. Dieser Umschwung der Politik wird nicht kritisch beleuchtet.

Der Kalte Krieg ist wieder da und die Wahrscheinlichkeit, dass es auch in Europa zum heißen Krieg kommt, ist nicht gleich null, weit davon entfernt. Damit sollen wir uns wohl fühlen?

Wir sind in wichtigen Teilen unseres Lebens und unserer Politik abhängig von den USA. Ist das gut?

Korruption ist geläufig. Soll das ein Zeichen dafür sein, dass es uns gut geht?

Wichtige gesellschaftspolitische Entscheidungen sind von fremden Einflüssen geprägt. Unsere Parteien sind durchwirkt von Einflusspersonen. Kann uns das egal sein? Soll das der Vollzug des Versprechens unseres Grundgesetzes sein, die Parteien könnten an der politischen Willensbildung mitwirken?

Die großen Gewinner, die großen Einkommen und die großen Vermögen können Steueroasen nutzen. Mitten in Europa und weltweit. Die meisten von uns zahlen brav ihre Lohnsteuer und die Mehrwertsteuer sowieso. Hier kommt eine beträchtliche Diskrepanz des Umgangs des Fiskus mit den Supereinkommen und den Supervermögen auf der einen Seite und uns Normalos auf der anderen Seite zum Vorschein. Geht es uns damit wirklich gut?

Viele junge Menschen werden in unsichere Arbeitsverhältnisse geschickt. Und dann wundern wir uns darüber, dass sie Schwierigkeiten mit der Familienplanung haben und zögern, Kinder zu bekommen. Soll das gut sein?

Die Chemisierung der Landwirtschaft geht weiter wie bisher, Glyphosat wird nicht verboten, obwohl die Schäden bekannt sind. Unsere Straßen, unsere Landschaft, unsere Umwelt wird geflutet von endlosen Kolonnen von Fahrzeugen. Nach kurzer Corona-Pause wird weiter gejettet und die Weltmeere werden weiter mit Plastikmüll gedüngt. Was tut unsere Regierung dagegen? Ist uns das egal? Es geht uns gut?

Microsoft, Google, Amazon und andere mehr verfügen über ein Quasi-Monopol. Fühlen Sie sich damit wohl? Ich nicht und ich hege keinerlei Bewunderung für die Chefs und Besitzer dieser weltweit operierenden Unternehmen.

Diese teilweise zum Himmel schreienden Zustände berühren das Ansehen der Regierenden nicht, jedenfalls kaum. Warum nicht?

Vier Antworten auf diese Frage:

Erstens: Anderen Ländern und Völkern geht es noch schlechter.

Zweitens: Die Regierenden haben einige Reformen und Veränderungen bewirkt, die als gesellschaftlicher Fortschritt betrachtet werden können und die von einem Segment unserer Gesellschaft zum umfassenden Beleg für die Qualität und Fortschrittlichkeit der Regierenden hergenommen und hochgespielt werden. Es wird hierzulande niemand verfolgt, die oder der homosexuell ist. Gleichgeschlechtliche Ehen sind möglich. Wirklich ein Fortschritt, aber das ist doch nicht die ganze Welt! Diese Fortschritte sollten doch nicht die zentralen Rückschritte verdecken.

Drittens: Die Öffentlichkeitsarbeit – nennen wir es zutreffender Weise Propaganda – der Regierenden ist ziemlich perfekt.

Viertens: Die Medien haben ihren Biss verloren, die meisten begleiten die Regierungsarbeit und Propaganda wohlwollend, unterstützend.

Der Vergleich mit anderen Ländern und Völkern wirft einige interessante Fragen auf. Die Beurteilung wird verschieden ausfallen, je nachdem wie man die verschiedenen Gesichtspunkte gewichtet. Der Ausgangspunkt:

Wir stellen fest, dass Deutschland im Vergleich zu anderen Ländern Europas und des Westens insgesamt ökonomisch scheinbar gut abschneidet: Die deutsche Volkswirtschaft erzielt Exportüberschüsse, die Staatsschuldenzuwächse konnten bis vor Eintritt der Corona-Krise vermindert werden, die sogenannte Staatsschuldenquote ist vergleichbar gering (Euroraum: 84,1 Prozent, Griechenland: 176,6 Prozent, Deutschland: 59,8 Prozent)[2], die Arbeitslosigkeit war zurückgegangen.

Andere Länder Europas, vor allem die Länder im Süden, also Spanien, Italien, Griechenland und die südosteuropäischen Länder, stehen sehr viel schlechter da als wir. Deshalb treten wir innerhalb der Europäischen Union auch als führende Nation auf. Weil wir als finanziell handlungsfähig erscheinen. Weil man uns Kredit gibt und wir niedrige Zinsen zahlen müssen. Das könnte man alles positiv werten und so wird es ja in der öffentlichen Debatte auch gewertet. Das sind die Gründe, derentwegen man sagt, es gehe uns gut.

Meine andere Sicht gründet darauf, dass ich zum einen frage, wie unsere gute Bilanz und die schlechte Bilanz in anderen Ländern zustande gekommen ist, und zum anderen frage: Kann man so, wie Deutschland verfahren ist, in einem vereinigten Europa verfahren?

Die Antwort ist klar: So kann man nicht vorgehen, wenn einem etwas am Zusammenhalt Europas liegt. Deutschland hat völlig konträr zu dem, was in einer Wirtschafts- und Währungsunion üblich sein sollte, auf eine Auseinanderentwicklung gesetzt. Wir haben auf niedrige Löhne und eine Reduzierung der Sozialleistungen gesetzt, eigentlich wohl wissend, dass wir damit andere Länder Europas und in der Welt an den Rand konkurrieren. Man kann es auch anders ausdrücken: Wir haben Arbeitslosigkeit exportiert. So kann man sich in einer Wirtschafts- und Währungsunion nicht verhalten. Das ist egoistisch, unsolidarisch und antieuropäisch.

19. Werden unsere Medien ihrer Aufgabe gerecht?

In den letzten Jahren und insbesondere in der Corona-Debatte ist etwas Erstaunliches passiert: Unsere etablierten Medien, also die Fernseh- und Hörfunksender, die Zeitungen und Zeitschriften, haben sich recht einheitlich gegen die neuen Medien im Internet gestellt und dabei auch gleich Etiketten verteilt. Sie sind die Guten und die Onlinemedien sind – ebenfalls über einen Leisten geschlagen – die Bösen.

Dazu wurde dann auch noch ein entsprechendes Schlagwort gefunden: »Fake News«. Erfundene oder gefälschte Nachrichten, gibt es selbstverständlich nur im Internet! Unsere etablierten Medien sind frei davon. Keine Fakes in der *Bild*-Zeitung! Keine Fakes in der *FAZ*! Und schon gar nicht im *Spiegel*!

Mit der Etikettenverteilung verbunden ist zum einen der ziemlich gelungene Versuch, sehr verschiedene Medien im Netz einheitlich zu charakterisieren: als minderwertig und angereichert mit Manipulation. Das ist für jemanden wie mich, der Initiator und Herausgeber eines der ersten kritischen und an der Sache orientierten Internetmedien für Politik und Gesellschaft ist, schon ein harter Brocken.

Zudem sind Medien, die sonst nichts miteinander zu tun haben, scheinbar und tatsächlich bei ihrer Verteidigung und vor allem in ihrer Aggression gegenüber den Onlinemedien zusammengerückt. Der neue Feind schweißt zusammen: Sie sind die Guten, sie klären auf, sie hinterfragen kritisch.

Stimmt das wirklich? Sind die gravierenden Rückschritte, die hier dargestellt wurden, von den etablierten Medien gebührend beschrieben und diskutiert worden? Gucken wir exemplarisch auf einige Themen:

Die wachsende Ungleichheit zum Beispiel? Verteilungsfragen waren kein bedeutendes Thema. Und wenn, dann andersherum. Die Löhne seien zu hoch, sie gefährdeten den Standort Deutschland. Vor allem die Lohnnebenkosten seien zu hoch. Das konnte man oft hören und sehen ohne Rücksicht darauf, dass die Lohnnebenkosten eigentlich nichts anderes sind als Sozialbeiträge und damit Ausdruck des Versuchs, ein bisschen soziale Sicherheit zu schaffen.

Die Steueroasen? Die Fakten und Folgen der Privatisierung von öffentlichen Unternehmen und von Sozialwohnungen? Letzteres wurde erst dann ein Thema in unseren Medien, als die Zustände schon zum Himmel stanken.

Umwelt und Klima? War das in deutschen Medien rechtzeitig ein der Dringlichkeit entsprechendes großes Thema? Nein, diese Aufgabe hat Fridays for Future übernommen.

Die Machenschaften der Finanzkonzerne und Monopole? Fehlanzeige.

Der Ausverkauf tausender deutscher Unternehmen an Heuschrecken. Sind die etablierten Medien rechtzeitig aufgewacht? Bis heute nicht!

Die Förderung der Kapitalmarktspekulation machen unsere Medien bis heute mit. Börsennachrichten am laufenden Band und zur besten Sendezeit.

Und beim Thema Corona? Mehrheitlich lammfrommer Regierungsverlautbarungsjournalismus. Bei der Berichterstattung und Kommentierung des Geschehens um das Virus Covid-19 konnte man jeden Tag feststellen, wie eng Medien und Regierung miteinander verbunden sind. In der Regel wurden brav die neuen Infektionszahlen verkündet, meist ausgesprochen unkritisch. Unsere Medien haben in der Mehrzahl bewundernd strammgestanden. Sie haben jede Wendung mitgemacht. Erst war man zum Beispiel skeptisch gegenüber Masken. Dann gab es die Maskenpflicht und alle waren dafür. Unsere Medien haben sich auch kaum um die Nebenwirkungen und Folgen der Corona-Politik der Bundesregierung und der Landesregierungen gekümmert.

Entscheidende Schwäche der etablierten Medien: Kampagnenjournalismus

Damit keine Missverständnisse aufkommen: Es gibt sehr gute und kritische Sendungen und Artikel. Aber das ist die Minderheit und entscheidend ist: Bei den großen politik- und wahlentscheidenden Themen halten sich die tonangebenden, etablierten Medien zurück oder an die Regierungslinie.

Das Gesamtbild ist ausgesprochen traurig, insbesondere dann, wenn man nach dem Beitrag der etablierten Medien zur Aufklärung im Vorfeld wichtiger politischer Entscheidungen fragt. Da kommt ein Wort ins Spiel, das die Journalisten ganz und gar nicht mögen: Kampagnenjournalismus. In wichtigen Bereichen betreiben unsere etablierten Medien – Medien im

Netz übrigens auch – konsequente und gut geplante Meinungs-bildung mit dem Ziel, klar definierte politische Entscheidungen zu unterstützen und zu erreichen.

Die Entscheidung für die Teilprivatisierung der Altersvor-sorge und die Schwächung der gesetzlichen Rente sind nicht ohne die Kombination aus Öffentlichkeitsarbeit von Versiche-rungskonzerne, Banken und interessierten Politikern auf der einen Seite und der Informationsarbeit, genauer gesagt der Propaganda, der etablierten Medien auf der anderen Seite gelaufen. Sie haben fast unendlich viele Sendungen über die angebliche Gefahr des demographischen Wandels produziert, die Printmedien haben entsprechend viele Artikel geschrieben. Teilweise guten Gewissens, wie mir bei einer Tagung mit Me-dienjournalisten Ende April 2010 schlagartig klar geworden ist, teilweise voll im Bild und eingebunden in die Verkaufs-strategie der großen Versicherungskonzerne und ihrer Lobby in der Politik.

Unsere etablierten Medien haben die Wiederbelebung der Konfrontation zwischen West und Ost, konkret mit Russland, angeheizt und gestützt. Was Medien wie der Deutschlandfunk oder das heute-journal an Feindbildaufbau geleistet haben, ist fast schon wieder bewundernswert, wenn es nicht so traurig wäre. Es erhöht die Kriegsgefahr und hat uns die Friedensdi-vidende, die 1990 vereinbart war, gestohlen.

Eine hochwirksame Kampagne wurde gegen den Chef der britischen Labourpartei Jeremy Corbyn in Szene gesetzt. Die Betreiber dieser Kampagne arbeiteten mit einem Etikett, das auch hierzulande häufig gebraucht wird: Antisemitismus. Das war sehr wirksam. Die Kampagne kostete Corbyn das Amt sowie die politische Zukunft und stahl den Briten die für eine Demokratie notwendige Alternative.[3]

Die Medien unterstützen durchgehend die USA bei ihren vielen Kriegen und ihren Versuchen, anderen Völkern einen

Regimewechsel zu bescheren. So polemisieren unsere Medien unentwegt gegen Syrien sowie den dortigen Präsidenten und feiern eine Einrichtung, von der man weiß, dass ihre Gründung mehr mit Propaganda als mit der öffentlich verkündeten Hilfe zu tun hat. Ich meine die Weißhelme in Syrien. Sie wurden in unseren Medien ständig zitiert, obwohl die Medien wissen mussten, wie windig der Gründer dieser Organisation und die Organisation selbst ist. Das Auswärtige Amt hat zwischen 2016 und 2019 die Arbeit der Weißhelme mit über 19 Millionen Euro unterstützt. Immer wieder waren Gerüchte über Betrügereien bekannt geworden. Im Juli 2020 berichtete die niederländische Zeitung *de Volkskrant* über solche Machenschaften.[4] Die Mehrzahl der deutschen Medien hat sich nicht darum gekümmert. Sie folgt der Gepflogenheit der involvierten westlichen Regierungen, diese Skandale totzuschweigen.

Ich könnte die Serie von Beispielen für ausgeprägte Stücke von Kampagnenjournalismus noch lange fortsetzen. Es ist ein markantes Defizit, aber bei Weitem nicht alles, was über unsere etablierten Medien Kritisches zu sagen wäre. In Stichworten:

Die Konzentration im Bereich der Printmedien ist weiter fortgeschritten. In vielen Regionen unseres Landes und Städten gibt es nur noch eine Zeitung und oft auch noch den Hörfunksender aus dem gleichen Medienhaus.

Die großen Medienkonzerne und ihre Eigentümer gehören inzwischen zu den Reichen im Lande. Schon deshalb gibt es eine erstaunliche Verbrüderung zwischen dem Großen Geld und den großen Medien. Das ist auch der Hintergrund dafür, dass von diesen Medien im langfristig angelegten Kampagnenjournalismus jeder niedergemacht wird, der nicht zur richtigen politischen Seite gehört: Fortschrittliche kritische politische Kräfte haben es unglaublich viel schwerer, weil sie mit ihren Zielsetzungen genau den Interessen der Eigentümer der Medienkonzerne widersprechen und entgegenstehen.

Der Öffentlich-rechtliche Rundfunk ist über weite Strecken jenseits des früher gewohnten Niveaus. Es gibt keine Leuchttürme des Journalismus mehr, keine Persönlichkeiten unter den Intendanten. Typisch für die Personalpolitik in diesem Bereich: Wer sich wie Kai Gniffke als Chefredakteur von ARD-aktuell atlantisch konform verhalten hat und federführend im Kampf gegen kritische Seiten im Internet ist, der wird ohne Rücksicht auf Zweifel befördert, in diesem Fall auf den Posten des Intendanten des SWR. Auch Tom Buhrow als Intendant des WDR stellt die meisten seiner Vorgänger ins Licht. Kein Bausch, kein Gaus, kein Pleitgen, kein Nowottny ... Stattdessen Mittelmaß und Angepasstheit an die gängigen politischen Leitlinien.

Die deutsche Wirtschaft und die CDU/CSU haben mit ihrer einseitigen Personalpolitik ganze Arbeit geleistet. Das ist auch deshalb besonders schlimm, weil die Fluktuation unter dem Personal der öffentlich-rechtlichen Sender gering ist. Wer dort auf einem wichtigen Posten sitzt, der sitzt und ist nur schwer aus dem Amt zu jagen.

Wie anders, wie selbstkritisch die etablierten Medien sich früher einmal selbst gesehen haben, das kennen wir aus der Geschichte: Medienfreiheit sei die Freiheit von zweihundert reichen Leuten, ihre Meinung zu verbreiten – so ungefähr hat es der Mitherausgeber der *Frankfurter Allgemeinen Zeitung* Paul Sethe in den 1960er-Jahren prägnant zusammengefasst. Und der Journalist Wolf Schneider, der gar nicht als besonders kritisch galt, hat 1984 das Buch *Unsere tägliche Desinformation – Wie die Massenmedien uns in die Irre führen* veröffentlicht.

Die Kapitel sind wie folgt überschrieben:

A) Manche Journalisten manipulieren
B) Viele Journalisten werden gegängelt
C) Viele Journalisten sind unkritisch
D) Alle Journalisten sind Zwängen unterworfen

E)   Alle Journalisten werden benutzt

Das war 1984. Damals fing man gerade an, die Fernseh- und Hörfunkprogramme zu kommerzialisieren. Einigermaßen objektive Beobachter des Mediengeschehens wissen, dass seitdem die Qualität unserer Medien nicht besser, sondern viel schlechter geworden ist. Und dennoch versuchen die Betroffenen heute den Eindruck aufrechtzuerhalten, die Welt der etablierten deutschen Medien sei in Ordnung. Diese verquere Selbstwahrnehmung ist eine Katastrophe.

III.
Der Kampf der Etablierten gegen die aufkeimende Kritik

Wie sie den Widerstand brechen, die Vernunft zurückdrängen und besiegen wollen
Angesichts des Rückschritts, den wir allenthalben beobachten, können die politisch und gesellschaftlich Verantwortlichen, und jene, die in der Ökonomie und beim Vermögen das Sagen haben, nur gut überleben, wenn diese Zustände nicht kritisiert werden, jedenfalls nicht grundlegend und umfassend. Die etablierten Medien haben ihren kritischen Biss schon lange verloren. Kritisch unterwegs sind sie bei entscheidenden politischen und gesellschaftlichen Fragen nicht mehr und damit auch keine Gefahr für die Verantwortlichen in Politik, Wirtschaft und Gesellschaft. Hinzu kommt, und das ist entscheidend, dass alle zusammen schon lange die Methoden der Manipulation und Meinungsmache aufgegriffen und perfektioniert haben. Ein frühes Zeichen dieser Entwicklung war die Gründung der Initiative Neue Soziale Marktwirtschaft im Oktober 2000. Diese INSM wurde zur Speerspitze neoliberaler Indoktrination.

Die Indoktrination durch die Herrschenden in Wirtschaft, Gesellschaft, Politik und Medien geht so lange gut, bis es keine wirksamen kritischen Medien, Personen oder gesellschaftliche Gruppen gibt. Aber diese gibt es inzwischen und die Etablierten sehen wohl die Gefahr, dass ihnen die Oberhoheit über die politische Meinungsbildung entgleitet. Die kritischen Onlinemedien nehmen sie ihnen aus der Hand.

Seit der Gründung der INSM hat sich unglaublich viel im Netz entwickelt. Es gibt weltweit und hierzulande eine große Zahl von kritischen Internetseiten. In den sogenannten sozialen Medien, also bei Facebook, Twitter oder Instagram, werden unentwegt Meinungen ausgetauscht und Informationen vermittelt.

Die NachDenkSeiten wie auch andere kritische Internetseiten verfolgen jeden Tag, wie wir von Politik, Wissenschaft, Wirtschaft und Medien manipuliert werden, wie systematisch das geschieht. Wir lesen Zeitungen und wir verfolgen Sendungen. Als ich am 1. August 2020 diesen Text schreibe, werde ich von der Tagesschau abends »überfallen«.[1] Es geht um Covid-19, die Querdenkerdemonstration und andere Demonstrationen in Berlin. Das gesamte Tagesschau-Stück war wieder einmal ein Musterbeispiel für eine durchtrainierte und gut geplante Manipulation. Es fing mit der Meldung an, dass die Infektionszahlen steigen. Es wird wie üblich bei diesen Medien keine Beziehung zu der – möglicherweise gestiegenen – Zahl der Tests hergestellt. Außerdem wird berichtet, dass das Robert-Koch-Institut befürchte, dass sich der Anstieg weiter beschleunigen könne. Unmittelbar danach wurde die Demonstration der Kritiker der Corona-Politik in Berlin gezeigt, einschließlich der fehlenden Masken und gelegentlicher Abstandsdefizite. Damit wurde insinuiert, dass die Demonstrierenden für die steigenden Infektionszahlen verantwortlich seien. Und dann wurde noch alles zusammengemischt, was zu einer Stigmatisierung gehört: die Auflösung der Demonstration durch die Polizei, der Hinweis darauf, dass auf der Demonstration auch rechte Gruppen und Personen mitmarschiert sind. Es durfte auch nicht fehlen, dass man den Agitator aus der SPD-Bundestagsfraktion Karl Lauterbach zu Wort kommen ließ. Die unterschwellige Botschaft auch hier: Die Demonstranten sind schuld daran, wenn es zur zweiten

Welle kommt. Einige wenige würden die Gesundheit aller und auch die Wirtschaft beschädigen.

Hier wird unglaublich manipuliert und agitiert. Dass angesichts dieses Treibens jene Internetseiten, die aufklären, informieren, Hintergründe durchleuchten und Manipulationsmethoden sichtbar machen, von den etablierten Medien und der etablierten Politik nicht geliebt werden, ist selbstverständlich.

Diesen Kräften tut es besonders weh, wenn man ihre Methoden durchleuchtet. Das haben wir auf den NachDenkSeiten von Beginn an systematisch betrieben. Es war uns nämlich klar, dass wir mit unseren wenigen Mitteln, also mit einer täglich erscheinenden kritischen Internetseite, nie die massive und permanente Indoktrination aushebeln können. Es war uns und auch mir als Autor von *Glaube wenig. Hinterfrage alles. Denke selbst. Wie man Manipulationen durchschaut* klar, dass wir die Glaubwürdigkeit der etablierten Medien und der etablierten Politik erschüttern müssen. Nur dann wird es gelingen, vielen Menschen die Augen zu öffnen.

Das ist den etablierten Medien und der etablierten Politik ein Dorn im Auge. Deshalb haben sie alle zusammen – förmlich oder nur durch konkludentes Handeln – beschlossen, die aufkeimende Kritik zu bekämpfen. Das tun sie auf vielfältige Weise. Sie tun es gezielt. Sie tun es geplant auf der Basis von strategischen Überlegungen zu den Botschaften, die sie einsetzen. Sie tun es mit viel Geld und unter Einsatz von viel Personal. Sie tun es im Übrigen auch mit Einsatz von Steuergeldern. Und sie tun es weltweit.

Die Methoden der Aggression gegen die kritischen Onlinemedien

Kritische Onlinemedien werden in einen Topf geworfen. Aber was haben wir, die NachDenkSeiten, zum Beispiel mit Facebook oder mit den Videos aus obskuren Quellen zu tun? Die einzige

Gemeinsamkeit besteht darin, dass wir über das Internet erscheinen.

Schon beschrieben ist die Einführung des Etiketts »Fake News« und die Methode, in Gut und Böse aufzuteilen. Die etablierten Medien haben dabei die Rolle der Guten übernommen, die im Internet sind die Bösen, eben die Verbreiter von Fake News.

Diese Rollenverteilung wird allein schon durch den Konflikt geprägt, den die etablierten Medien und Politik gegen das Internet fahren. Und das alles wird unterstützt durch ein paar Tricks. Die Tagesschau und die dafür verantwortliche ARD haben aktuell das Wort und die Einrichtung »**Faktenfinder**« geprägt und eine sogenannte Gruppe bei der ARD installiert. Wenn Sie googeln, dann werden Sie als ersten Eintrag dieses hier finden:

»faktenfinder – Gegen Gerüchte und Desinformation …
  Die **faktenfinder** – das Verifikationsteam der **ARD** – untersuchen Gerüchte, stellen Falschmeldungen richtig und liefern Hintergründe zu aktuellen Themen.«[2]

Wer es schafft, von Google sein Projekt so dargestellt zu bekommen, der hat schon gewonnen. Könnte man denken. Aber es gibt inzwischen viele Menschen, die diese Methoden durchschauen und die durchaus wissen, dass es neben vielen guten Sendungen bei der ARD gezielte Methoden der Manipulation und richtigen Kampagnenjournalismus gibt. Es ist dort wie im Netz – es gibt solche und solche. Aber davon abgesehen, wird von diesem Medium wie auch von vielen andern der Eindruck erweckt, gäbe es Gerüchte, Falschmeldungen, Manipulationen nur bei den anderen.

Planung der Sprachregelung
Zu den Methoden jeder Indoktrination, die wirksam sein will und soll, gehört eine gute Planung der Sprachregelung. Das

haben die etablierte Politik und die etablierten Medien gut und locker geschafft.

Sie behaupten zum Beispiel, die kritischen Internetseiten seien Teil einer **Querfront.** NDR aktuell hatte schon 2015 zum Zwecke der Diffamierung der Macher der NachDenkSeiten und damit auch der NachDenkSeiten selbst mein Buch *Meinungsmache* auf ein Buch des rechten Hans-Olaf Henkel (AfD) und auf Hitlers *Mein Kampf* gelegt und dieses dann in einer Sendung veröffentlicht.[3]

Meine bisherige Arbeit hat weder etwas mit dem Geist von Henkel noch mit dem von Adolf Hitler zu tun. Nichts, im Gegenteil. Aber so läuft diese Methode der Diffamierung über den Vorwurf Querfront und visualisiert durch einen ARD-Sender.

Eine damit verbundene Methode, die im Vorfeld der Demonstration der Querdenkerbewegung vom 1. August angewandt wurde und wird, ist der Begriff **»rechtsoffen«.** Damit ist gemeint: Der so etikettierte Mensch nimmt es hin, mit einem Rechten »unter der Laterne« gesehen worden zu sein oder, aktueller, auf einer Demonstration gewesen zu sein, bei der auch als rechts geltende Personen und Kreise mitgelaufen sind. Jetzt stellen Sie sich vor, Sie haben es für sinnvoll erachtet, am 1. August in Berlin gegen die konkrete Corona-Politik der Bundesregierung und der Landesregierungen zu demonstrieren oder auch bei einer Demonstration gegen Stuttgart 21 in Stuttgart dabei gewesen zu sein. Sie haben aber nicht beachtet, weil Sie das gar nicht können, dass auch Anhänger der AfD oder Reichsbürger dort mitdemonstriert haben.

Der Begriff »rechtsoffen« ist auch deshalb apart, weil im Bund eine Partei wie die SPD mit einer CDU und CSU in einer Koalition sitzt, obwohl in diesen beiden Parteien Mandatsträger und Mitglieder heimisch sind, die man als rechtskonservativ oder rechts bezeichnen muss. Zum Beispiel: Zur gleichen Zeit ist bekannt geworden, dass der ehemalige Geheimdienstkoordinator Klaus-Dieter Fritsche (CSU) und auch der ehemalige Präsident des Bundesverfassungsschutzes Maaßen (CDU) mit rechten Kreisen kooperieren. Die SPD ist also »rechtsoffen«, wenn sie mit solchen Leuten koaliert und sie sogar in so wichtigen Funktionen wie in der Koordination der Geheimdienste akzeptiert.

Jene, die bei den NSU-Morden jahrelang weggesehen haben und zur etablierten Gesellschaft gehören, sind ja wohl auch »rechtsoffen« gewesen. Wenn die Bundeskanzlerin und der deutsche Außenminister Maaßen dem israelischen Ministerpräsidenten Benjamin Netanjahu freundlich und verbindlich begegnen, dann muss man ja wohl auch von »rechtsoffen« sprechen. Denn rechter im schlimmen Sinne des Wortes als bei Netanjahu geht es ja nicht.

In Hessen, wo die CDU schon in der Vergangenheit mit rechten Kreisen eng verbunden war, sitzen die Grünen mit am Regierungstisch. Die Grünen in Hessen sind »rechtsoffen« – ein wirklicher Skandal. Und ich kenne auch einige Christdemokraten in Baden-Württemberg, deren geistige und politische Einstellung rechter als rechtskonservativ ist. Und dennoch regieren die Grünen mit der dortigen CDU. Noch ein Beispiel, damit klar wird, wie absurd dieser jetzt zum Zwecke der Diffamierung von Gegnern der Corona-Politik häufig gebrauchte Begriff ist: Von 1966–1969 hat die SPD mit CDU und CSU in Bonn koaliert. Kanzler war ein ehemaliges NSDAP-Mitglied, Kurt Georg Kiesinger. Zur gleichen Zeit war Hans Filbinger, ruchloser Marinerichter unter den Nazis, CDU-Ministerpräsident in Baden-Württemberg. Die SPD war 1966 in Baden-Württemberg mit der CDU eine Koalition eingegangen, um Filbinger zum Ministerpräsidenten zu wählen. Lauter rechtsoffene Typen!

Nichtsdestotrotz: Wir leben in Zeiten, in denen eine Diffamierung mit einem solch albernen Begriff wirkt, denunzierend und diffamierend wirkt.

Verschwörungstheoretiker ist der nächste diffamierende Begriff aus dieser Reihe. Er wird von den Etablierten in Politik und Medien ebenso massiv gegen die Kritiker im Netz angewandt wie die beiden anderen Begriffe.

Und dann gibt es noch das Wort **Antisemit**. Den Etablierten und ihren Helfern in der Antifa geht selbst die Diffamierung mit diesem schlimmen Vorwurf locker von den Lippen. Oft wird als Antisemit bezeichnet, wer Israels Umgang mit Palästina kritisiert. Selbst jüdische Persönlichkeiten aus Israel, wie zum Beispiel Moshe Zuckermann, die die Politik Israels öffentlich beklagen, werden als Antisemiten bezeichnet. Auch die 2018 erfolgte Einrichtung des Amtes »Beauftragter der Bundesregierung für jüdisches Leben in Deutschland und den Kampf gegen Antisemitismus« dient, so gut es gemeint ist, der Etikettierung und dem Kampf gegen kritische Stimmen.

Die Kampagne der Etablierten gegen das Netz ist gut organisiert und wird immer weiter verbessert
Man bedient sich ausgelagerter Helfer und Helfershelfer. Man gründet NGOs und nutzt Stiftungen. Diese Methoden werden weltweit genutzt. Eine gute Beschreibung dieser Machenschaften auf internationaler Ebene ist am 28. Mai 2020 sowohl beim Infosperber als auch bei Telepolis erschienen. Der Autor Rafael Lutz beschrieb in diesem Beitrag auch die Verknüpfung mit deutschen Einrichtungen.[4]

In den Meinungskampf eingeschaltet sind unter vielen anderen die Amadeu Antonio Stiftung und insbesondere ihre Leiterin Anetta Kahane, die Heinrich-Böll-Stiftung, Campact, die schon erwähnte INSM, der German Marshall Fund of the United States und immer wieder sogenannte Experten, die oft von den genannten Einrichtungen finanziert und mit ihren Expertisen den etablierten Medien zur Verfügung gestellt werden.

Die Europäische Union ist besonders aktiv beim Kampf gegen Fake News und angeblich falsche Informationen. Ich zitiere, was Norbert Häring, der Herausgeber eines bemerkenswert kritischen Internetblocks, dazu veröffentlicht hat:

»**Die EU verspricht, Zensur und Meinungskontrolle zu intensivieren**

Die EU-Kommission und der Hohe Vertreter haben am Mittwoch 10. Juni per Presseerklärung eine Bewertung ihrer bisherigen Maßnahmen zur Bekämpfung von nicht autorisierten Informationen und Meinungen im Zusammenhang mit Corona abgegeben und ihre Pläne für das weitere Vorgehen vorgestellt. Die europäischen Staats- und Regierungschefs hatten das im März eingefordert.

Denn es kam gehäuft vor, dass in den Medien, insbesondere den digitalen, Informationen und Meinungen zum Corona-Virus publiziert wurden, die nicht mit den offiziellen Daten und Einschätzungen übereinstimmen. Auch seien immer wieder Informationen und Sichtweisen aus dem Ausland von den Bürgern im EU-Raum abrufbar gewesen, heißt es in der Presseerklärung.«[5]

Bei den in Brüssel verantwortlichen Personen hat der Kampf gegen den angeblichen Einfluss Russlands im Internet eine besondere Bedeutung. Wie so oft spiegelt die Europäische Union hier das wider, was wir auch aus den USA kennen.

Aber die deutsche Bundesregierung will da auf keinen Fall ins Hintertreffen geraten. Ich zitiere die Bekanntmachung eines neuen Förderschwerpunktes des Bundesministeriums für Bildung und Forschung:

»Bekanntmachung des Förderschwerpunkts ›Erkennen und Bekämpfung von digitalen Desinformationskampagnen‹ [...]

1 Gegenstand der Förderung

Sogenannte ›Fake News‹, Verschwörungstheorien, digitale Desinformationskampagnen: Durch irreführende Informationen im Internet stehen demokratische Systeme vor großen Herausforderungen. Die Verbreitung von Falschinformationen schwächt die faktenbasierte Berichterstattung seriöser Medien und erschwert es politischen Akteuren, Behörden, Medien und Bürgerinnen und Bürgern, sich ein verlässliches Bild zu machen.«[6]

Hier bekommen wir amtlich bestätigt, dass es nach Meinung der Bundesregierung falsche Informationen, Irreführungen und Desinformationskampagnen nur im Internet gibt, und es wird uns indirekt bestätigt, dass der Kampf der Etablierten gegen das Netz mithilfe von Steuergeldern ausgetragen wird.

In diesem Zusammenhang hochinteressant ist die Organisation Correctiv

Deshalb eine etwas ausführlichere Untersuchung. Der erste Eintrag bei Google ist so wunderbar, dass ich auch ihn direkt wiedergeben muss:

»CORRECTIV – Recherchen für die Gesellschaft

CORRECTIV recherchiert langfristig zu Missständen in der Gesellschaft, fördert Medienkompetenz und führt Bildungsprogramme durch.«

Auch der Anspruch auf der eigenen Internetseite ist schon sehr beachtlich:

»Recherchen für die Gesellschaft und mit der Gesellschaft Investigativ. Unabhängig. Gemeinnützig.

CORRECTIV ist das erste gemeinnützige Recherchezentrum im deutschsprachigen Raum. Wir recherchieren langfristig zu Missständen in der Gesellschaft, fördern Medienkompetenz und führen Bildungsprogramme durch.«[7]

Diese Organisation von Journalisten macht im Laufe der Zeit durchaus das eine oder andere Vernünftige. Aber die Grundeinstellung ist geprägt von »Wir sind die Guten und die im Netz sind die Bösen«.

Außerdem ist die Finanzierung dieser Organisation ausgesprochen seltsam. In einem langen Text »In eigener Sache. Correctiv. Wie alles begann« wird viel über viele Personen erzählt und dann kommt quasi im Nebensatz ein Hinweis auf eine Stiftung. Ich zitiere:

»Die abschließenden Gründungsgespräche haben Oliver Schröm und ich geführt. Auf der Seite der Brost-Stiftung sind wir auf viel Vertrauen und Zutrauen gestoßen. Das hat uns geholfen.«[8]

Nur auf Vertrauen und Zutrauen? Oder auch auf Geld? Die Brost-Stiftung hat am Anfang mit drei Millionen Euro unter die Arme gegriffen. Zu den großen Spendern gehören unter anderem: die Schöpflin Stiftung, Omidyar Network, Adessium Foundation, Google Digital News Initiative, Open Society Foundations, Rudolf Augstein Stiftung, Deutsche Telekom, Bundeszentrale für politische Bildung, Hamburger Stiftung zur Förderung von Wissenschaft und Kultur, Stiftung Mercator, Landesanstalt für Medien Nordrhein-Westfalen, Facebook und die Cassiopeia Foundation.[9]

Eine Einrichtung wie Correctiv könnte durchaus sinnvoll sein, wenn sich die Arbeiten und Recherchen auch mit den etablierten Medien und der etablierten Politik beschäftigen würden. Dort liegen aber keinesfalls die Schwerpunkte. Einer der Schwerpunkte der Arbeit lag beim Aufspüren von Fake News bei Facebook. Das ist ja auch okay. Aber es hat halt das Gschmäckle, dass die Internet Medien ein »Correctiv« brauchen, die etablierten Medien nicht.

Die Finanzierung dieser Vorfeldorganisation Correctiv ist deshalb so ausführlich dargestellt worden, weil man an der Zusammensetzung der Spender erkennen kann, wie beim Kampf gegen die kritischen Medien im Internet alles zusammengreift und auf welchen Wegen das Geld der Steuerzahler und Beitragszahler in diesem Kampf fließt.

Der Kampf gegen das kritische Potenzial im Internet nimmt inzwischen harte Formen an: YouTube-Videos werden gelöscht. Plattformen bei Facebook geschlossen und Einrichtungen wie Wikipedia massiv für die Meinungsbeeinflussung genutzt. Wenn ich zum Beispiel die Wikipedia Seite über mich und die NachDenkSeiten aufrufe, dann erkenne ich mein Wirken kaum wieder – so einseitig ist es dargestellt.[10]

Der Kampf der Etablierten gegen die aufkeimende Kritik ist noch nicht entschieden. Allerdings zeichnet sich deutlich ab, dass die großen Vermögen, die ihnen zugeneigte Politik und Medien kombiniert mit staatlicher Gewalt die Oberhand behalten könnten.

IV.
Machen wir uns auf einen langen Weg zu einer Neuen Gesellschaft

Die Lage ist in vielerlei Hinsicht verkorkst. Die Rettung des Versprechens des Grundgesetzes, dass alle Macht vom Volke ausgehen soll, verlangt im Kern die Korrektur der einseitigen und ungerechten Vermögensverhältnisse, die Korrektur der publizistischen Macht weniger Medienkonzerne, die Wiederherstellung von Markt und Wettbewerb und die Befreiung aus der Vormundschaft der USA.

Das wäre das Minimum und es käme einer Revolution gleich. Es wäre wie ein Neuanfang. So als wollten und könnten wir die Uhr zurückdrehen. Den notwendigen Ansatz für einen solchen radikalen Neuanfang bei der Vermögensverteilung und der Verteilung der publizistischen Macht haben wir aber nicht und wir sehen ihn auch nicht, nicht einmal am Horizont. Hinzu kommt, dass es – alltagssprachlich ausgedrückt – hierzulande an vielen Ecken stinkt. Einen einzigen Hebel umzulegen bringt nicht das Heil.

Die Korrektur der Vermögensverhältnisse würde heißen, dass die Superreichen einen großen Teil ihres Vermögens abgeben müssten. Piketty bringt 80 Prozent ins Spiel. Bei der Besteuerung der Einkommen sogar 90 Prozent.

Ich sehe nicht, wie das in der heutigen Zeit umgesetzt werden könnte. Nicht weil ich zögerlich bin, sondern weil ich mir die gesellschaftliche Situation und die Stimmung ansehe. Wie zuvor schon beschrieben worden ist, haben die Menschen mehrheitlich gar nicht im Blick, dass es überall und gerade auch bei der Verteilung der Vermögen und Einkommen Rückschritte gab und gibt. Sie sehen auch nicht, dass unsere Demokratie im eigentlichen Sinne des Wortes am Ende ist, dass die Macht nicht vom Volke ausgeht.

Die Besitzer von Spitzenvermögen würden sich mit aller Gewalt dagegen wehren, dass man ihnen 80 Prozent ihres Vermögens wegsteuert. Sie würden sich in Deutschland auf das Grundgesetz berufen und behaupten, eine solche Steuer würde gegen das Grundgesetz verstoßen. Im Grundgesetz Art. 14 (1) heißt es: »Das Eigentum und das Erbrecht werden gewährleistet.« Sie würden behaupten, diese Eigentumsgarantie gelte unabhängig davon, wie sie ihre Vermögen erworben haben und wie ungerecht die Verteilung der Einkommen in den letzten Jahrzehnten geworden ist.

Auch von einer revolutionären Revolte muss man abraten. Die Reaktion der Herrschaft wird nämlich brutal sein. Einen Vorgeschmack darauf erlebten wir im Sommer 2020 in den USA. Dort schickt der US-Präsident militärisch ausgerüstete Bundespolizisten in den Kampf gegen antirassistische Proteste in einzelnen Staaten und Städten.

Wir haben die Reaktion der Mächtigen, der Reichen und Einflussreichen auch beim Kampf der französischen Polizei und des Staates gegen die Gelbwesten erlebt und auch im Kampf gegen die Gegner von Stuttgart 21: Mit dem Strahl von Wasserwerfern oder Gummigeschossen zerstörte Augen, abgeschlagene Arme, fürs Leben zu Krüppeln geschossene und geschlagene Menschen. Diese brutale Reaktion auf Demonstrationen und Revolten ist zu erwarten, sie wird geübt, sie macht Eindruck. Ich würde meine Enkel nicht in einen solchen Kampf schicken wollen. Die hinter den Reichen stehende Staatsmacht und Polizeimacht ist zu nahezu allem bereit. Die Polizei ist zudem im Kampf gegen Terroristen und andere angebliche Bedrohungen gut gerüstet worden. Die Chance, dass sich die Polizei mit aufständischen Jugendlichen oder mit dem Proletariat verbünden würde, ist äußerst gering. Außerdem genießen die Oberschichten und die zurzeit politisch maßgeblichen Kräfte die Deckung durch die tonangebenden Medien.

Sosehr also eine wirkliche Revolution, also eine radikale Umverteilung und Umwälzung der Machtverhältnisse fällig wäre, sosehr es nötig wäre, die Uhr auf Start zurückzudrehen, so wenig gibt es aus heutiger Sicht Anhaltspunkte dafür, dass dies erfolgreich möglich wäre.

Wir müssen also abwarten, Zeit gewinnen und auf grundlegende Veränderungen hoffen und daran arbeiten. Zugegeben, das ist eine vage Hoffnung. Aber wer bietet mehr? Die einzige Revolution, die man sich ohne Blutvergießen und vielleicht gekrönt von Erfolg vorstellen könnte, wäre eine Reform-Politik, wie sie nach dem Ersten Weltkrieg und dann mit Abstand nach dem Zweiten Weltkrieg mehr oder weniger konsequent betrieben worden ist. Sozial-, Steuer- und Bildungspolitik und ein starker Staat insgesamt sorgten für eine etwas gerechtere Gesellschaft. Piketty nennt die damals entstehenden Gesellschaften die »sozialdemokratischen Gesellschaften«. Wenn der Begriff sozialdemokratisch nicht so sehr verbrannt wäre, könnte man diesen wiederbeleben, um zu kennzeichnen, was man sich als Konzept einer grundlegenden und – wie ich meine – im Endeffekt revolutionären Veränderung der jetzigen Gesellschaft durch eine breit gefächerte Reformpolitik vorstellen könnte. Das liefe auf eine Art Kulturrevolution hinaus.

Der Gegner der neuen Bewegung ist die neoliberale Ideologie

Eine solche neue Bewegung könnte sich, würde sich und müsste sich die Überwindung der neoliberalen Epoche zum Ziel setzen. Sie hätte eine völlig andere Wertorientierung und wäre eine wirkliche Alternative zu dem, was Thatcher TINA genannt hat. Es gibt eine Alternative. Frau Thatcher hat die Unwahrheit gesagt. Ihre Formulierung hatte vor allem einen affirmativen, sich selbst bestätigenden und damit propagandistischen Charakter.

Es ist wichtig, sich die neoliberale Ideologie vorzunehmen. Denn zum einen sind diese Bewegung und die dahintersteckende ökonomische Theorie hauptverantwortlich für das Elend, das in unseren Ländern angerichtet worden ist. Dieses Elend ist zuvor in Kapitel II. ausführlich beschrieben worden. Zum andern ist es wichtig, um so klarzumachen, dass diese Ideologie der Feind einer neuen Reformbewegung ist. Damit wächst die Chance zum Durchbruch und Erfolg. Das Ansehen der neoliberalen Ideologie bröckelt inzwischen selbst bei Medien, die noch vor kurzem alles nachbeteten, was von dort an sogenannten Reformvorschlägen kam.

An vielen Stellen war sichtbar geworden, dass diese Ideologie nicht hält, was sie verspricht, und uns außerdem einen Höhenflug der Ungleichheit, der Ungerechtigkeit und auch der Unsicherheit gebracht hat. Außerdem ist bei der Bewältigung der Corona-Epidemie so nebenbei eines der Hauptpostulate der neoliberalen Bewegung geopfert und damit als irrelevant entlarvt worden: Jahrelang, jahrzehntelang hat man uns erzählt, der Staat sei unbedeutend, jahrzehntelang hat man uns erzählt, wir müssten sparen und entstaatlichen. Und jetzt plötzlich mit dem Virus rufen sie alle um staatliche Hilfe. Die »Schwarze Null« galt nicht mehr. Es wurden Milliarden geliehen und ausgegeben. Der Staat muss helfen, so die Vorstellung, der Staat muss sogar der Pharmaindustrie helfen, um einen Impfstoff zu entwickeln und zu finanzieren. Der Markt regelt das nicht. Der Staat soll es regeln.

Und dann wurden alle anderen schon oft dem Spott preisgegebenen sozialen Regelungen mobilisiert – Kurzarbeitergeld zum Beispiel oder staatliche Hilfe für in Krisen geratene Unternehmen. Hunderte von Millionen, Milliarden für Adidas, Lufthansa, Puma, Sixt, TUI, ThyssenKrupp, Media Markt und so weiter. Der Löwenanteil des bisher gezahlten Geldes ging übrigens an Großkonzerne.

Der mit dem Abschied von der »Schwarzen Null« vollzogene Bruch der bisher penetrant verkündeten Regeln hat zumindest die nicht verbohrten Begleiter des Geschehens in Politik und Medien etwas zum Nachdenken gebracht. Die dort eingetretene Nachdenklichkeit ist ein wichtiger Ansatz für eine Gegenbewegung. Denn diese Gegenbewegung braucht Unterstützung.

Solidarität und Effizienz

Das Konzept für diese Reformpolitik, die das Land wesentlich verändern soll, ist vielfältig. Es geht eben nicht so, dass man nur einen Hebel umlegt und dann alles besser wird. Es sind viele kleine, aber bedeutende Veränderungen. Auf einige der notwendigen Veränderungen werde ich im Einzelnen zu sprechen kommen. Vorher jedoch muss von der grundlegenden Veränderung die Rede sein: von einem neuen Geist, so könnte man sagen, von einer Änderung der Wertorientierung und der Lebensphilosophie der in dieser Neuen Gesellschaft lebenden Menschen. Eine solche Veränderung wird nicht gleich die gesamte Gesellschaft, also jeden Einzelnen erfassen können. Es geht hier darum, welcher Geist dominiert – bei der Erziehung in Schulen und Familie, im Alltag, in den Betrieben und welcher Geist letztlich sogar die Stammtische und die Straßen prägt. Ich würde die Notwendigkeit und Möglichkeit einer anderen

Lebensphilosophie nicht zu thematisieren wagen, wenn ich nicht schon selbst erlebt hätte, dass das geht, dass das funktioniert, dass das wichtig ist.

Die beiden Gegensätze sind zum einen die Vorstellung, für eine Gesellschaft gelte, dass jeder seines eigenen Glückes Schmied sei. Das ist die Parole der Egoisten und der Neoliberalen.

Zum anderen gibt es die Vorstellung, dass es ohne Solidarität zwischen Menschen keine glückliche Gesellschaft geben wird und dass Solidarität und soziale Sicherheit konstitutive Elemente einer guten Gesellschaft sind.[1]

Kurz gefasst steht also Egoismus gegen Solidarität.
Nun wissen wir aus unserem Leben, dass es in allen Lebensbezügen beides gibt. Wir sorgen alle irgendwie dafür, dass wir etwas zu essen und uns zu kleiden haben, wir müssen uns und unsere Familien versorgen. Und dann werden die meisten Menschen auch ein Stück Solidarität bewahrt haben, im Umgang mit den Liebsten, im Umgang mit den Kindern und manchmal auch beim Umgang mit fremden Menschen.

Es gab immer schon ein Nebeneinander der verschiedenen Lebensphilosophien. Es kommt darauf an, welche Werte vorherrschen. Und da gibt es in der gesellschaftlichen und historischen Entwicklung durchaus Unterschiede. Der eine Bundeskanzler, für den ich arbeitete, Helmut Schmidt, hat im Blick auf seine politischen Zielsetzungen und das Notwendige oft dem Sinne nach gesagt: Es kommt darauf an, was in der Lohntüte ist. Der andere, Willy Brandt, warb um solidarischen Umgang miteinander, wir sollten auch die Fähigkeit entwickeln, für andere mitzudenken, mitzuleiden. Das sind in einer kleinen Zeitspanne schon zwei die Realität der Wertorientierung prägende verschiedene Lebensphilosophien. Und das sogar in der gleichen Partei.

Heute beherrscht das Eigeninteresse die gesellschaftliche Atmosphäre, und zwar überall: Es fängt in der Schule an. Du musst dich wehren und durchsetzen, wird vielen Kindern gesagt. Lass dir nichts gefallen. Unsere Straßen werden beherrscht von Menschen, die sich gerne durchsetzen.

Die Chancen einer solchen geistigen und gesellschaftspolitischen Wende? Wie soll eine Neue Gesellschaft zustande kommen?
Ein Vorbild wäre die Reformdebatte und die Studentenbewegung der 1960er-Jahre, also die 68er und ihr Vorfeld. Diese Bewegung war in mehrfacher Hinsicht vorbildhaft für das, was wir heute wieder bräuchten: Die Bewegung war interessant, sie gründete auf Vorarbeiten von Philosophen, Soziologen, Schriftstellern; sie betraf nicht nur ein kleines politisches Anliegen, also ein Segment des gesellschaftlichen Lebens. Die Bewegung war international. Das hatte etwas mit den geistigen Wurzeln zu tun, insgesamt vorbildlich auch für heute. Denn heute würde eine neue tiefgründige Reformbewegung verlangen, dass international einigermaßen koordiniert vorgegangen wird. Es gab in den Medien und in den Wissenschaften ausgemachte Freundinnen und Freunde der 68er-Bewegung. Und es gab Gegner und sogar Feinde. Auf jeden Fall genoss diese Bewegung Aufmerksamkeit. Die Bewegung war getragen von hellen Köpfen. Rudi Dutschke ist nur ein Beispiel dafür.

Also, das könnte man schon mal festhalten: Was im Umfeld von 1968 geschah, könnte auch für das neue Projekt richtungsweisend sein – in den Methoden und in den Zielen. Aber es bleibt die Frage, wie könnte man ein neues 68 schaffen?

Auch wenn die Hintergründe von »Fridays for Future« nicht so ganz klar sind oder fragwürdig sein könnten, hoffnungsvoll ist, dass diese Bewegung viele junge Menschen auf die Beine gebracht hat – mit einem wichtigen Ziel: für den Kampf gegen die Klimaveränderung.

Warum sollte es nicht gelingen, viele Menschen für eine erweiterte Programmatik zu interessieren. Zur Zukunft gehört neben dem Klimaschutz auch der Kampf um mehr Gerechtigkeit und gegen eine die Demokratie zerstörende Konzentration der Vermögen. Und vor allem der Kampf um ein friedliches Zusammenleben in Europa und auch in anderen Teilen der Welt. Das wären drei Schwerpunkte des Programms einer neuen Bewegung. Die Bewegung »Fridays for Future« müsste nur ihr Programm erweitern und sie wäre dabei.

Wir müssen darauf setzen, dass es in der jungen Generation und unter Älteren demnächst ausreichend viele Menschen gibt, die erkennen, dass es so wie in letzter Zeit nicht weitergehen kann und dass sie sich mit anderen zusammentun. Sie müssten dann ein der aktuellen Zeit angepasstes Programm erarbeiten. Das ist viel Arbeit. Hinzu kommt viel Multiplikatorenarbeit, weil die notwendige Wende nur auf einer breiten Basis möglich ist.

Projektgruppe Neue Gesellschaft

Wenn ich Millionen zur Verfügung hätte oder gar ein Milliardär wäre, dann würde ich die finanzielle Basis für die notwendige harte Arbeit an der de facto Revolution bereitstellen. Vielleicht findet sich ja jemand in der Gruppe jener reichen Zeitgenossen, die schon dazu aufgefordert haben, der Staat möge bei ihnen und anderen Reichen höhere Steuern erheben, weil auch sie die jetzige Verteilung für ungerecht halten.[2]

Die einsichtigen Milliardäre und Millionäre könnten die neue Bewegung finanzieren, möglicherweise sogar helfen, diese anzustoßen. Ein Soros mit anderen Inhalten und anderen Zielsetzungen – so etwas würde gebraucht. Besser wäre es natürlich, die Bundesregierung oder ein paar einsichtige Ministerpräsidenten würden beschließen, die Projektarbeit an den Regeln, die eine neue Gesellschaft prägen sollten, zu finanzieren. Das wird aber nicht geschehen. Deshalb die anderen Überlegungen.

Wie auch immer die Finanzierung aussieht, es ist wichtig, die gesellschaftlichen Regeln zu entwerfen, die in der Neuen Gesellschaft gelten sollten und könnten. Ich komme auf Social-Technique zurück. Als ich in den 1960er-Jahren in München Ökonomie und Soziologie studierte, tauchte in der Literatur und in unserem Seminar dieser Begriff auf. Direkt übersetzt würde das »Sozialtechniken« oder »gesellschaftliche Regelungen« heißen. Bleiben wir mal bei dem Fremdwort, weil es gut trifft, was gemeint ist: Alles, was das Zusammenleben regelt und worauf man sich in einer Gesellschaft verständigt hat – alles in einer Spannbreite von der Regel, dass, wer mit einem Auto unterwegs ist, eine Haftpflichtversicherung abgeschlossen haben muss, bis zur Frage Kindergeld oder Kindersteuerfreibetrag? Auch die Mehrwertsteuer ist eine Sozialtechnik, auch die Erbschaftsteuer – wie müsste sie aussehen, wenn Vermögen umverteilt werden soll? Oder die Einrichtung einer Steueroase und der Entwurf zur Beseitigung aller Steueroasen. Die Riester-Rente ist eine, wenn auch verkorkste Sozialtechnik, auch das Asylrecht oder die Wehrpflicht oder keine Wehrpflicht, oder das Aktienrecht und Hartz IV, Schutz des Wettbewerbs durch ein effizientes Kartellrecht oder freie Bahn für Monopole und Preisabsprachen zwischen den Unternehmen und so weiter.

Um die Umrisse und Regeln einer neuen, veränderten Gesellschaft zu entwerfen, braucht man viel Kraft und Energie sowie Fantasie. Man müsste die besten Köpfe Europas und der Welt engagieren, damit sie optimale Regeln für eine gerechtere und zugleich effizient arbeitende Gesellschaft ausdenken. Eine solche Einrichtung könnte zugleich eine Kaderschmiede für den Nachwuchs in Ministerien, Parteien und Medien sein. Alleine der Anstoß, der darin läge, dass fähige Menschen, junge und alte, und aus verschiedenen Bereichen der Gesellschaft und der Berufe über die Regeln des Zusammenlebens nachdenken und konkrete Vorschläge entwickeln, wäre ausgesprochen wichtig. Man kann dabei auf Vorarbeiten zurückgreifen. So hat Sahra Wagenknecht im Kapitel »Grundzüge einer modernen Wirtschaftsordnung« wichtige Vorarbeit geleistet.[3]

Inzwischen wird in Deutschland die Entwicklung von solchen Einrichtungen und Fähigkeiten auch deshalb besonders wichtig, weil die Parteien in der Regel diese Arbeit nicht mehr leisten und im Zuge der propagierten Entstaatlichung die Kapazitäten der Ministerien, diese Arbeit zu leisten, abgebaut worden sind. Teilweise haben große internationale Anwaltskanzleien und Lobbyisten diese interne Arbeit in deutschen Ministerien übernommen. Sie schreiben die Gesetzen, die Regierung und Bundestag verabschieden.

Der Widerstand gegen eine neue Bewegung für soziale und fortschrittliche gesellschaftliche Regeln wird groß und mächtig sein. Die hier vorgeschlagene Art von Revolution ist nicht verboten, aber sie wird attackiert werden. Die oberen Prozente der Vermögens- und Einkommensbezieher werden erkennen, wie gefährlich es ist, wenn sich Menschen engagieren, um mehr Gleichheit zu erreichen, um mehr Vernunft in die politischen Entscheidungen zu bringen, und um Frieden statt Krieg an die Grenzen und ins Innere unseres Landes und Europas zu bringen, um für Abrüstung statt Aufrüstung zu wirken, um den üblichen Egoismus durch mehr Solidarität zu ersetzen.

Ob eine solche Bewegung noch zustande kommt, das weiß ich natürlich nicht. Das ist eine Hoffnung. Auch ein Stück Vertrauen darin, dass solche Geister und Seelen nachwachsen – engagierte Leute. Ein paar neue Olof Palmes, Bertha von Suttners, Willy Brandts und in Begleitung ein paar Dieter Hildebrandts.

Elemente zur Verbesserung der Verhältnisse – Anregungen
Wie könnte die »geistig moralische Erneuerung« herunterge-brochen auf Social-Technique und andere programmatische Vorstellungen aussehen? Ich nenne als Anregung Schwer-punkte und einzelne Elemente und erläutere an manchen Stellen diese Stichworte. Ausdrücklich sei festgehalten, dass dies nun kein umfassender Katalog zur Reform unserer Gesell-schaft ist. Einiges wird fehlen. Dann ergänzen Sie das gedank-lich einfach.

Soziale Sicherheit zum Abfangen und Abfedern der Risiken des Lebens
Für die Mehrheit unseres Volkes wie auch anderer Völker ist die soziale Sicherung vor den Risiken des Lebens wichtig. Das betrifft die Vorsorge fürs Alter, die Vorsorge für den Fall, krank oder pflegebedürftig zu werden, und die Vorsorge für den Fall der Arbeitslosigkeit.

Wer über ein großes Vermögen verfügt, kann es sich in der Regel leisten, die Risiken privat aufzufangen. Aber die über-wiegende Mehrheit muss abgesichert werden.

Zur Vorsorge fürs Alter: Die Renten der abhängig arbeitenden Menschen sind in Deutschland verglichen zum Beispiel mit Ös-terreich ausgesprochen schlecht. Wir haben Reformbedarf, wir haben eine intakte Struktur, die Deutsche Rentenversicherung, die wir für Veränderungen nutzen können. Diese vorhandene Verwaltung der Rente für die Mehrheit unseres Volkes kann so ausgebaut werden, dass die Altersvorsorge voll auf die ge-setzliche Rente konzentriert werden kann. Wer darüber hinaus privat etwas tun will, soll das tun. Aber die staatliche Förderung privater Zusatzversorgung sollte eingestellt werden; alle Mittel sollten darauf konzentriert werden, die Leistungsfähigkeit der gesetzlichen Rente so zu verbessern, dass die Rente reicht. Um dieses Ziel zu erreichen, muss man vermutlich die Beiträge etwas erhöhen. Sie werden aber nicht das Niveau erreichen müssen, das heute schon verlangt wird, wenn man die gesetzlichen Rentenversicherungsbeiträge und die Prämien für die Riester-Rente addiert.

In die gesetzliche Rente sollten auch jene Gruppen einbezogen werden, die bisher eigene Altersvorsorgesystem haben: Abgeordnete, Beamte und so weiter. Gelegentlich wird damit die Hoffnung verbunden, es würde damit auch auf Dauer die finanzielle Situation der Rentenversicherung verbessert. Das ist eine Fehleinschätzung. Aber das Begehren ist trotzdem richtig.

In das Reformprogramm gehört dann noch die Einführung der Wertschöpfungsabgabe. Diese hat man mal Maschinensteuer genannt. Dieser Begriff diente der Diffamierung im politischen Kampf. Davon sollte man sich nicht beeindrucken lassen. Der Hintergrund dieses Votums ist einfach: Je mehr rationalisiert wird, je mehr Arbeit durch Maschinen und Roboter ersetzt wird, umso wichtiger ist es, dass die Beiträge für die Altersvorsorge nicht nur an der Lohnsumme der Beschäftigten, sondern auch an der Wertschöpfung, die in hochautomatisierten Betrieben stattfindet, festgemacht werden.

Es wird Mechanismen zum Ausgleich von Ungerechtigkeiten und Schwächen geben müssen. Menschen mit gebrochenen Erwerbsbiografien, also Menschen, die wegen der Kindererziehung ausgefallen sind, keine Beiträge gezahlt haben, Menschen, die über lange Zeit oder sogar zeitlebens mit niedrigen Löhnen abgespeist wurden, brauchen eine Aufbesserung. Das kann über Steuern geregelt werden.

Schon diese Passage über die gesetzliche Rente und die Altersvorsorge insgesamt zeigt, was zuvor gemeint war, als der Begriff gesellschaftliche Regelung eingeführt und eine

Projektgruppe zur Erarbeitung der Sozialtechniken einer Neuen Gesellschaft angeregt wurde. Man braucht wirklich viel Sachverstand und viel Energie, um vernünftige, sachgerechte und möglichst gerechte Regeln dieser Art auszudenken.

Auch die Krankenkassen müssen neu gedacht werden: Was wir zurzeit vorfinden, ist ungenügend. Es hat sich ein Zwei-Klassen-Krankenversorgungs-System herauskristallisiert, das ungerecht und unwürdig ist. Wer privat versichert ist, hat es zum Beispiel um vieles leichter, einen Arzttermin zu bekommen. Manche Leistungen sind ausgeschlossen beziehungsweise zuzahlungspflichtig. Die Regelungen sind ziemlich wirr. Das Ziel ist klar: ein einheitliches System. Wie regeln wir das und wie wird der Übergang geregelt? – Stoff und Arbeit genug für eine eigens dafür installierte Sozialtechnik-Einheit.

Eine weitere Einheit brauchen wir für die Arbeitslosenversicherung: Mit den Hartz-Reformen der Regierung Schröder ist ein bisher einigermaßen gutes System aufgebrochen und beschädigt worden. Mit Hartz-IV geht es nicht weiter. Hier ist eine Reform überfällig.

In diesem Zusammenhang werden die Befürworter der Hartz-IV-Reformen darauf hinweisen, dass mit diesen Reformen zugleich ein weit eingerissener Missbrauch der Sozialleistung »Arbeitslosenversicherung« bereinigt worden sei. Das ist ein Hinweis darauf, dass jene, die sich mit Recht den Ausbau der Sozialstaatlichkeit zum Ziel gesetzt haben, zugleich überlegen müssen, wie man Missbräuche so gering wie möglich halten kann. Es gab diese Missbräuche auf Seiten der Empfänger sozialer Leistungen wie auch bei Unternehmen und auf Seiten der Politik. Die Frühverrentung war ein solcher Fall. Es wird Missbräuche immer geben. Aber sie dürfen in einer neuen gerechteren Gesellschaft nicht zum Dauerthema werden. Das heißt nicht nur, dass man sich gegen den medialen Missbrauch des Missbrauchs sozialer Leistungen schützen muss. Man muss auch das sachlich vorliegende Problem anpacken. Dieses Problem nicht ausreichend gesehen zu haben, war wahrscheinlich ein großer Fehler der Befürworter der Sozialstaatlichkeit und der sozialen Sicherung Ende des letzten Jahrhunderts.

Mehr Gerechtigkeit und mehr Effizienz bei den Steuern
Das ist eines der wichtigeren Aktionsfelder, wenn man Einkommen und Vermögen gerechter verteilen will. Dazu gehört:

1. Schluss mit Steueroasen und keine Schlupflöcher.
2. Erhöhung des Spitzensteuersatzes bei der Einkommensteuer. Auf wie viel? Es galt in Westdeutschland von 1975 bis 1989 ein Spitzensteuersatz von 56 Prozent. Dann bis zum Ende der Kanzlerschaft Helmut Kohls 53 Prozent. Heute sind es – die sogenannte Reichensteuer mit einbezogen – 45 Prozent. Dieser Steuersatz ist angesichts des Höhenflugs der Ungleichheit viel zu niedrig. Wenn man auch nur andeutungsweise erreichen will, dass die Verteilung von Nettoeinkommen und Vermögen wieder ein bisschen fairer und gerechter und gleicher wird, dann müssen die hohen Einkommen wirklich höher besteuert werden. Sagen wir mal: zwischen 60 und 70 Prozent. Piketty hat in seinem Buch Stufen vorgeschlagen, bis hoch zu einem Spitzensteuersatz von 90 Prozent. Ob diese Ankündigungen sinnvoll sind, weiß ich nicht. Bei allen Erwägungen zu den Steuersätzen für die Einkommensteuer, die Vermögensteuer und die Erbschaftsteuer kommt die Warnung ins Spiel, dass die Steuerpflichtigen in Niedrigsteuerländer auswandern. Frankreich hat das in der Praxis erlebt. Das Argument ist nicht von der Hand zu weisen. Aber es würde im Prozess der Debatte um eine neue Gesellschaft auch stark darauf ankommen, dass man diese Debatte auch mit Nachbarn und anderen relevanten

Völkern zusammenführt. Nicht heute, aber vielleicht in zehn Jahren könnte es ja vielleicht möglich sein, dass Steuerflucht nicht mehr als Kavaliersdelikt betrachtet wird. Was soll Europa, wenn innerhalb Europas Steuerflucht und Steuervermeidung durch Auswanderung in ein anderes Land Europas möglich bleiben soll? Das kann so nicht weitergehen. Das Minimum an Vorsorge und Abwehr: Wer mit seiner Steuerveranlagung in ein anderes Land geht, der soll bitte auch als Bürger in das andere Land ziehen.

3. In fast allen europäischen Staaten unterliegen Kapitalerträge der Einkommensteuer. Kapitaleinkünfte müssen in Deutschland aber anders als die normalen Einkommen nicht mit dem Einkommensteuersatz des Steuerpflichtigen besteuert werden. Auf die Kapitaleinkünfte wird eine sogenannte Abgeltungssteuer erhoben. Der Vorabzug beträgt 25 Prozent und liegt damit beträchtlich unter dem Einkommensteuersatz höherer und hoher Einkommen. Dieses Privileg sollte gestrichen werden – wohlwissend, dass damit die Erfassung erschwert und zur Steuerflucht motiviert wird.

4. Wiedereinführung einer Vermögensteuer. Wir hatten mal ein Prozent. Das ist sehr niedrig. Angesichts der Tatsache, dass hohe Vermögen viel leichter hohe Renditen erreichen, könnte man einen divergierenden Steuersatz rechtfertigen.

5. Noch wichtiger: eine wirksame Erbschaftsteuer.

6. Nachtrag: Wohlwollend zu prüfen wäre die Einführung einer Vermögensabgabe auf Vermögen über einer Grenze von einigen Millionen. Es könnte erwogen werden, eine Art Lastenausgleich einzuführen, so wie das nach dem Zweiten Weltkrieg möglich war. Die besonders Reichen haben, das war ja auch bei der Untersuchung von Piketty

sichtbar geworden, in den Krisen der letzten zehn Jahre besonders viel verdient. Das gilt von der Finanzkrise bis zur Corona-Krise.

Diese Sonderabgabe könnte mit der Finanzierung der in vielen Teilen unseres Landes maroden Infrastruktur gekoppelt werden. Die Infrastruktur hat ganz besonders unter der Ideologie der Schwarzen Null gelitten. Die Milliardäre haben diese Ideologie in der Regel verfochten. Jetzt können sie auch ein bisschen was zur Beseitigung der Schäden bei der Infrastruktur beitragen.

7. Endlich fällig ist die Streichung der Steuerfreiheit für Gewinne beim Verkauf von Unternehmen und Unternehmensteilen.

8. Wiedereinführung der Gewerbekapitalsteuer.

9. Bodenwertzuwachssteuer. Die Spekulation und auch die Preissteigerungen sind im Immobilienbereich besonders schlimm. Das folgt aus der mangelnden Vermehrbarkeit und auch daraus, dass wegen der geringen Zinsen Geld von Anlegern auf den Immobilienmarkt strömt. Diesem könnte man damit entgegenwirken, dass man Wertzuwächse im Rahmen der Einkommensteuer besteuert. Es macht allerdings keinen Sinn, diese Wertzuwächse nur zu besteuern, wenn sie realisiert werden. Dann führt eine solche Steuer nämlich zu einer weiteren Blockade und zu einer weiteren Verschärfung der Preissteigerungen im Grundstücksbereich. Deshalb – und dabei greife ich auf im Detail überlegte Vorschläge aus der Zeit der Bodenspekulation in den 1960er-Jahren zurück – müssen auch die nicht realisierten Wertsteigerungen erfasst werden. Nur dann führt eine solche Bodenwertzuwachssteuer nicht zu einer Blockade des Verkaufs von Grundstücken und Immobilien. Zum Problem der Erfassung dieser nicht realisierten Wertzuwächse gibt es detaillierte Vorstellungen.[4]

Anzumerken ist, dass das Ziel dieser Besteuerung nicht die Erfassung kleiner Wertsteigerungen von eigengenutzten Einfamilienhäusern oder Wohnungen ist. Deshalb müssen die Freibeträge so bemessen werden, dass die Besitzer eines normalen Einfamilienhauses nicht unter Druck geraten, ihr Eigenheim verkaufen zu müssen. Gepackt werden sollen die großen Spekulationsgewinne. Das ist ein weiteres Beispiel dafür, dass viel Verstand in die Entwicklung der relevanten Sozialtechnik fließen muss.

10. Tobin-Steuer, also Steuer auf Finanztransaktionen. Nach meiner Einschätzung wird deren Wirksamkeit oft überschätzt. Dennoch wäre es sinnvoll, in der Projektgruppe diesen Vorschlag wohlwollend zu prüfen und dann auch im Detail auszuarbeiten.

Dies ist eine kleine Auswahl dessen, was im Bereich der Steuerpolitik zu erarbeiten und dann gegebenenfalls zu realisieren wäre.

Mit der Bodenwertzuwachssteuer waren wir schon im Bereich des großen Ärgernisses: Spekulation. Damit geht es jetzt weiter:

Brauchen wir Aktienmärkte und Börsen?

Schon die Frage klingt in manchen Ohren revolutionär. Sie ist ernst gemeint. Börsen hatten eine vernünftige Aufgabe: das Angebot und die Nachfrage von Waren zum Beispiel an Rohstoffbörsen zusammenzubringen, Preise zu ermitteln. Selbst die Wertpapierbörse könnte ja einen gewissen Sinn machen.

Aber wenn diese Börse hauptsächlich der Spekulation dient – wie in Kapitel II. 7. gezeigt wurde –, dann hat sie ihren Sinn verloren. Dann ist sie vor allem ein Spielcasino und nicht der Platz für das Feststellen des Wertes von Wertpapieren.

Die Projektgruppe Neue Gesellschaft müsste auch die Bedeutung von Börsen untersuchen und könnte zur Klärung die Leitungen wichtiger deutscher Unternehmen befragen:

Wie viel Zeit und Kraft verwenden Sie für die Verbesserung Ihrer Produktion, zur Betreuung Ihrer Mitarbeiterinnen und Mitarbeiter und der Absatzmärkte? Und wie viel Zeit und Kraft verwenden Sie für die Pflege des Aktienkurses Ihres Unternehmens?

Die Rechercheure werden vermutlich entdecken, dass die Kurspflege einen durch nichts zu rechtfertigenden Anteil an den Kapazitäten der Unternehmensleitungen in Anspruch nimmt und diese teilweise absorbiert.

Wertschöpfung findet an den Börsen der Kapitalmärkte im eigentlichen Sinne nicht statt. Die exorbitant hohen Gehälter, Honorare und Boni, die in diesem Bereich gezahlt werden, sind Ausdruck einer irregeleiteten Ressourcenverwendung. Hier werden leistungslose Einkommen kassiert.

Es ist wirklich eine zentrale Aufgabe künftiger Gesellschaftspolitik, Spekulationen aller Art aus dem Zusammenleben unserer Gesellschaft zu verbannen. Das gilt für die Spekulation mit Aktien und Rohstoffen genauso wie für die Spekulation mit Grund und Boden. Eine neue Gesellschaft mit einem anderen Geist werden wir nur aufbauen können, wenn wir den Geist der Spekulation vor den Toren lassen.

Mitbestimmung ausbauen

Die Periode des »sozialdemokratisch« genannten Zeitalters war in Deutschland zumindest von dem teilweise erfolgreichen Versuch geprägt, Regeln zur Mitbestimmung der Arbeitnehmer und Gewerkschaften in den Betrieben zu verankern. An diesen Ideen und den Praktiken jener Zeit könnte man anknüpfen. Allerdings setzt das gleichzeitig voraus, dass sich die Gewerkschaften erneuern. Sie haben Hartz IV mitgemacht, sie haben die Verschlechterung der Einkommens- und Vermögensverteilung ohne die eigentlich fällige fundamentale Kritik hingenommen. Sie müssten eigentlich die Speerspitze der Auseinandersetzung mit der neoliberalen Ideologie sein. Dann würde mehr Mitbestimmung Sinn machen.

Gemeinwohl-Ökonomie

In Österreich und Deutschland gibt es eine sympathische Bewegung, die es sich zum Ziel gesetzt hat, möglichst viele Unternehmen dafür zu gewinnen, nicht nach nacktem Profit zu streben, sondern das Gemeinwohl zur Richtschnur des Wirtschaftens zu machen. Dafür hat man das Projekt Gemeinwohlbilanzen entwickelt. Näheres zu dieser Bewegung findet sich in Büchern und im Netz.[5] Zumindest als parallele stützende Bewegung könnten die Gedanken und Vorschläge mit in die Arbeit am neuen Modell herangezogen werden.

Bildungschancen auch in Familien mit niedrigen Einkommen und Vermögen

In den 1950er- und beginnenden 60er-Jahren hatten junge Menschen in ländlichen Regionen oder in Industriebereichen der Großstädte kaum eine Chance, auf weiterführende Schulen zu gehen. Ausnahmen bildeten sozialdemokratisch regierte Bundesländer, wie zum Beispiel Hessen. Hessen warb damals mit dem Slogan »Hessen vorn«. Dieser Werbespruch zielte auf die besonderen Leistungen der hessischen Regierung im Bereich von Bildung und Sozialem. Konkret und persönlich: Als ich 1950 das Gymnasium in Heidelberg besuchte, mussten meine Eltern im baden-württembergischen Heidelberg Schulgeld bezahlen. Für meinen Klassenkameraden aus dem hessischen Neckarsteinach überwies das Land Hessen das Schulgeld an die baden-württembergische Schule.

Später dann verstanden auch andere Landesregierungen, dass es wichtig ist, die Bildungschancen für Kinder aus Arbeiterfamilien zu erhöhen. In der DDR waren die Bildungschancen von vornherein besser verteilt.

Heute haben sich die Aussichten für Kinder aus Familien mit niedrigen Einkommen, in Arbeitslosigkeit und ohne Vermögen wieder verschlechtert. Die Kurve verläuft ähnlich wie bei der Vermögensverteilung. Im Umfeld des Jahres 1980 und mit dem Einzug der neoliberalen Ideologie gab es einen Bruch.

Selbstverständlich werden sich die Augen jener, die an einer besseren Welt arbeiten, darauf richten müssen, auch die Kinder aus Familien mit Arbeitslosigkeit oder niedrigen Einkommen und aus Familien mit Schulden oder keinem Vermögen entsprechend ihrer Begabung zu fördern.

Rückbau der unvernünftigen Privatisierungen und mehr öffentliche Leistungen

Beginnend mit der Wende in den 1980er- und 90er-Jahren ist hierzulande ein öffentliches Unternehmen und eine öffentliche Einrichtung nach der anderen privatisiert worden. Hinzu kam nach der Vereinigung beider Teile Deutschlands die Privatisierung der Betriebe der ehemaligen DDR. Auch diese Privatisierungsaktionen haben zu einer Verschlechterung der Vermögensverteilung beigetragen.

Privatisierungen waren schon im Großbritannien Thatchers eine wunderbare Gelegenheit, sich zu bereichern. Will Hutton, der ehemalige Chefredakteur des *Guardian*, hat das in seinem Buch *The State We're In* gut und anschaulich beschrieben. Er hat auch die parteipolitischen Hintergründe dieser Privatisierungsaktion der Konservativen aufgedeckt. Thatcher hat die Profiteure der von ihr betriebenen Privatisierung als Stützen des konservativen Parteiapparates missbraucht.

Es sind hierzulande Unternehmen privatisiert worden, weil in privater Regie der Anschlag auf die Löhne der Beschäftigten besser und leichter vollzogen werden konnte. In vielen öffentlichen Unternehmen war es wegen der Stärke der Beschäftigten und der Gewerkschaften nicht allzu leicht, Billiglöhne einzuführen oder Teile der Produktion und Dienstleistungen so auszulagern, dass man an den Lohnkosten sparen konnte. Mit der Privatisierung ist das leichter geworden, bei den Konkurrenten sowieso.

Aus meiner Sicht müssten die meisten der privatisierten öffentlichen Unternehmen wieder in öffentliche Verantwortung übernommen werden. Das kostet Geld.

Vielleicht kommen findige Menschen und Gruppen, die an den neuen gesellschaftlichen Regelungen arbeiten, auf gute Ideen. Vielleicht lässt sich ein Teil der Vermögen der besonders Reichen mithilfe des möglichen Lastenausgleichs einer Vermögensabgabe für die Übernahme der privatisierten Unternehmen in öffentliche Verantwortung einsetzen.

In Deutschland sind Hunderte von Kliniken privatisiert worden. 1991 gab es 1 110 Krankenhäuser in öffentlicher Trägerschaft, 2015 waren es noch 677. 1991 gab es 358 privatwirtschaftlich betriebene Krankenhäuser, 2015 waren es 620.[6] Die privat betriebenen Krankenhäuser haben in vielen Regionen Deutschlands eine Art von Monopol und sie streben Renditen von 10 bis 15 Prozent an. Das sind nicht Zeichen einer vernünftigen und sozialen Entwicklung. Die Rückabwicklung und Überführung in öffentliches Eigentum ist geboten.

Ähnliches gilt für die Wohnungswirtschaft. Soweit da noch etwas zu retten ist, sollte auf kommunaler und Landesebene zumindest ein beachtenswerter Bestand an preiswerten Wohnungen in öffentlicher Hand oder in der Hand von Genossenschaften gehalten werden.

Das in der Zeit des Neoliberalismus erarbeitete Modell, nämlich zu privatisieren und dann Regulierungsbehörden zu schaffen, die die Tatsache, dass manche Produktionen und Dienstleistungen nicht geteilt und nicht im Wettbewerb betrieben werden können, überspielen sollen, ist nicht wirklich tragfähig. Die Regulierungsbehörden sind beeinflussbar, sie sind, wenn wirksam, teuer. Sie sind ein Notfallprodukt, eine Ersatzlösung. Klare Verhältnisse sind angezeigt: Wo Wettbewerb nicht möglich ist, ist öffentliches Eigentum angesagt.

Die Projektgruppe muss parallel zu den Überlegungen, Privatisierungen rückgängig zu machen, auch Strukturen und Regeln entwickeln, die die Effizienz der Einrichtungen in öffentlicher Verantwortung immer wieder überprüft und garantieren.

Aktive Beschäftigungspolitik, Schluss mit dem Niedriglohnsektor

Die negative Wende bei der Einkommens- und Vermögensverteilung war eng mit einer besonderen Entwicklung der Theorie der Makroökonomie verbunden. Verbesserungen der Lohnquote in den Jahren 1968 bis 1972 gründeten erkennbar deutlich auf einer expansiven makroökonomischen Politik, also einer aktiven Konjunktur- und Beschäftigungspolitik. Das war das Programm der SPD um Bundeswirtschaftsminister Karl Schiller beim Regierungswechsel von der kleinen Koalition aus CDU/CSU und FDP zur großen Koalition von CDU/CSU und SPD im Dezember 1966. So wurde die erste Rezession in der bundesrepublikanischen Geschichte überwunden. Und dann kam der Bruch, irgendwann in der Nachfolge der Ölpreiskrise von 1973 und angeheizt von Bundesbank und damals schon neoliberal eingefärbten Experten und Politikern.

Eine neue Politik muss an den bewährten beschäftigungspolitischen Möglichkeiten ansetzen.

Umwelt und Klima schützen

Jede neue Bewegung muss in diesem Bereich den Schulterschluss mit den schon laufenden Bewegungen schaffen. Es ist dringend notwendig, die im Klima-, Natur- und Artenschutz engagierten und bewanderten Menschen für die Einsicht zu gewinnen, dass die Solidarität mit den leidenden und sterbenden Arten, der Natur und der Umwelt ergänzt werden muss um soziale Gerechtigkeit, um Mitbestimmung, um gute Löhne. Wir konnten in der Vergangenheit schon des Öfteren beobachten, dass Berthold Brecht mit seinem Spruch »Erst kommt das Fressen, dann kommt die Moral« leider recht hat. Wer nicht viel oder gar nichts hat, wer um seinen Arbeitsplatz und seinen Lohn und die Altersvorsorge bangen muss, der ist nur sehr schwer darauf anzusprechen, doch endlich etwas für Natur und Umwelt zu tun. Wer Mehrheiten, wer Gestaltungsmehrheiten gewinnen und behalten will, muss am Schulterschluss von traditioneller Arbeiterbewegung und moderner Ökobewegung arbeiten.

Verkehr vermeiden, soweit es geht

In den letzten Jahren und Jahrzehnten ist unentwegt über Globalisierung diskutiert worden. Der weltweite Handel, die Verlagerung von Produktionen und der Transport von Gütern und Personen über weite Strecken ist in den üblichen öffentlichen Debatten nicht infrage gestellt worden, im Gegenteil, nur wer global tätig ist, gilt als modern und fortschrittlich.

Dass dies so gesehen wird, hat mit einer einfachen Begebenheit zu tun. Für viele dieser Transporte ist ein marktwirtschaftliches Prinzip außer Kraft gesetzt worden: Die Transporte gehen nicht mit ihrem vollen Preis in die Kalkulation der Güter und Dienstleistungen durch die Unternehmen ein. Der Luftverkehr ist subventioniert. Es gibt keine Kerosinbesteuerung und die notwendigen Infrastrukturen wurden zunächst einmal als öffentliche Aufgabe betrachtet. Der Schiffsverkehr verschmutzt die Weltmeere. Auch diese Kosten sind nicht ausreichend in die Kalkulationen der Unternehmen, deren Waren transportiert werden, eingegangen. Ähnliches gilt für den Lkw-Verkehr.

Auch dieser verursacht externe Kosten, die nicht alle von den Spediteuren abverlangt werden. Beim Seeverkehr und beim LKW-Verkehr kommt noch hinzu, dass viele der dort tätigen Menschen minimale Löhne beziehen, Löhne, die nicht verantwortbar sind.

Für die Arbeiten an einem neuen Konzept der internationalen Arbeitsteilung, deren Sinn ja grundsätzlich nicht zu bestreiten ist, ist zunächst einmal dieses marktwirtschaftliche Vollkosten-Prinzip zu beachten. Und das bedeutet, dass auch die ökologischen und die menschlichen Kosten der Verkehre in die Kalkulationen hineingezwungen werden müssen.

Wenn man das täte, dann würde man erkennen, dass es vernünftig wäre, nicht nur ökologisch, sondern auch ökonomisch, dezentraler und regionaler zu wirtschaften. An einem solchen Konzept sollte gearbeitet werden.

Differenziertes Denken. Risiken und Nebenwirkungen beachten

Viele Politiker neigen dazu, Gesamtzusammenhänge auf einfache Forderungen und Parolen zu verkürzen. An vier Beispielen soll gezeigt werden, welche Folgen diese Neigung zu pauschalen Bewertungen hatte und hat:

Das aktuellste Beispiel ist die Corona-Politik der Bundesregierung wie auch anderer Regierungen. Man hat die Gefahr des Virus erkannt und im Lockdown einschließlich der Schließung der Schulen, der Restaurants, der Bars, der Buchhandlungen und anderer Einzelhandelsgeschäfte und in der Maskenpflicht das Heil gesehen; man hat die Krankenhäuser leergeräumt, um Betten für die Covid-19-Erkrankten freizumachen. Die Verantwortlichen haben außer Acht gelassen, dass mit diesen Maßnahmen die Existenz vieler Menschen gefährdet ist, dass deshalb die Behandlung von kranken Menschen ausgesetzt werden muss und dass alles zusammen in der Summe möglicherweise gefährlicher und teurer wird als ein differenzierterer Lockdown. Differenzierter vorzugehen ist in schwierigen Situationen nicht leicht, das sei gerne eingeräumt. Aber man musste den Eindruck gewinnen, dass die Differenzierung in diesem Fall bewusst nicht gesucht worden ist. Man wollte den Menschen Angst machen – und hat das sogar schriftlich fixiert. Ich verweise auf ein Papier des Bundesinnenministeriums vom April 2020. Dieses Papier ist insgesamt interessant, weil es viel über den Geist sagt, der die Regierenden beim Umgang mit dem Volk leitet.[7]

Um Angst zu machen, brauchte man eine radikale Entscheidung: den umfassenden Lockdown. Differenziertes Denken, differenzierte Abwägung der Folgen und Risiken waren nicht angebracht.

Das zweite Beispiel: Die Entscheidung zur Vermehrung und Kommerzialisierung der elektronischen Medien liegt 40 Jahre zurück. Was damals unter dem Druck der Lobby politisch entschieden worden ist, wirkt bis heute nach.

Inzwischen hat sich das Problem durch technische Neuentwicklungen verändert und im Grunde auch verschärft. Das Problem der Überflutung mit einer ziemlich miesen Fernsehwelt und Videowelt bleibt.

Unsere Projektgruppe für neue Regelungen wird darüber nachdenken müssen, wie sie sich die mediale Welt der Zukunft vorstellen kann und was das für Konsequenzen für die Medienpolitik hat. Dabei geht es auch um das Verhältnis von elektronischen Medien und Printmedien und es geht heute vor allem auch um das Verhältnis der etablierten Medien zu den kritischen Medien im Internet.

Drittes Beispiel: Digitalisierung hilft. Fanatische Digitalisierung schadet.

Bund und Länder haben im März 2019 den Digitalpakt abgeschlossen.[8] Der Bund stellte über einen Zeitraum von fünf Jahren insgesamt fünf Milliarden Euro zur Verfügung.

Grundlage dieser Beschlüsse ist die Annahme, dass Digitalisierung in jedem Fall und in jeder Lebenslage gut ist. Dass Digitalisierung etwas bringt und bringen kann, soll hier nicht bestritten werden. Das wäre weltfremd. Aber dass bei den Entscheidungen nicht einmal andeutungsweise die Forschungen und Forschungsergebnisse über die Wirkung der Digitalisierung zum Beispiel auf Kleinkinder beachtet wurde und wird, ist ein großer Fehler.[9]

Viertes Beispiel: Zuwanderung. Die Regierenden wie auch die Wirtschaft und wichtige Multiplikatoren in den Medien haben immer wieder für Zuwanderung nach Deutschland geworben. Der am meisten genannte Grund dafür: Wir bräuchten gut ausgebildete Menschen aus anderen Ländern, aus Spanien, aus Griechenland und vom Balkan und Osteuropa. Diese Annahme wurde in die politische Entscheidung ohne Rücksicht auf die Wirkung in den betroffenen Ländern eingeführt. Man hat dabei keine Rücksicht darauf genommen, dass man Völkern und Ländern, die ihre jungen gut ausgebildeten Töchter und Söhne für ihre eigene Entwicklung bräuchten, diese Menschen abzieht. Wir fallen damit zurück in die Zeit der Abwerbung von Gastarbeitern.

Die Projektgruppe Neue Gesellschaft wird unter Beachtung einer vernünftigen Entwicklung in Europa vieles anders bedenken und planen müssen. Differenziertes Denken ist dabei eine unerlässliche Basis und Voraussetzung für vernünftige Regelungen. Nationalstaatliches, egoistisches Denken darf die Gestaltung der Politik in Europa nicht beherrschen.

Wie regeln wir die Welt der großen Konzerne und das Unternehmensrecht?

In den Kapiteln II. 2. bis 5. war beschrieben worden, welche großen und teilweise die propagierte Wirtschaftsordnung zerstörende Folgen das Wirken großer, weltweit tätiger Unternehmen und Konzerne hat: Sie bestimmen die Politik, sie beherrschen mit wenigen Anteilen die Unternehmenspolitik anderer Unternehmen, sie haben monopolartige Positionen und üben ihre Macht rücksichtslos, teilweise mithilfe krimineller Methoden aus. Die Konsequenzen aus dieser Analyse sind vielfältig und müssten teilweise hart sein. Zum Beispiel müsste die Monopolstellung von Microsoft, Facebook und Google gebrochen werden, notfalls durch Aufbau konkurrierender Systeme.

Wegen des Einflusses großer Finanzkonzerne auf unsere Unternehmen müsste das Aktien- und Unternehmensrecht geändert werden. Wegen der starken Marktmacht von Amazon und wegen der Folgen der Tätigkeit solcher Unternehmen für unsere Innenstädte und den Einzelhandel sind grundlegende Veränderungen in den Strukturen und Verhaltensweisen der Menschen anzustreben.

Die Neuordnung ist ausgesprochen schwierig und verlangt von der Projektgruppe sehr viel – Sachkenntnis und Mut.

Wir müssen uns aus den Fängen der USA befreien

Das ist eines der wichtigsten Projekte. An dem zuvor angrenzenden Themenkomplex und den notwendigen Änderungen wurde schon deutlich, dass unser Land wie Europa insgesamt nicht frei sind in ihren Entscheidungen. Wir sind abhängig von den USA. Um der vernünftigen inneren Ordnung willen und um des Friedens willen wird es mit hoher Wahrscheinlichkeit notwendig werden, sich mehr als bisher freizuschwimmen. Es wird notwendig, dass wir unser Land und Europa aus den

Fängen der USA befreien. Es sei denn, die USA verändern sich und ihre Politik.

Der erkennbare Trend weist leider in die andere Richtung, nicht nur wegen des jetzigen Präsidenten Trump. Der Konflikt zwischen USA und NATO einerseits und Russland andererseits wird schärfer. Es wird, wie schon geschildert, aufgerüstet statt, wie 1990 verabredet, abgerüstet.

Hinzu kommt, dass entgegen der nunmehr immerhin schon zwei Jahrzehnten während wirtschaftlichen Zusammenarbeit mit China jetzt auch der Konflikt mit diesem Land angeschoben wird. Der Westen mischt sich in die inneren Angelegenheiten Hongkongs ein; China betrachtet das als Eingriff in seine inneren Angelegenheiten. Indien und andere Länder Südasiens werden in Stellung gegen China gebracht. Von Freundschaft, von internationaler Arbeitsteilung, von Handel und kulturellem Austausch ist nur noch wenig die Rede. Das ist eine wie auch beim Verhältnis zu Russland völlig veränderte Situation.

Die deutsche Bundesregierung folgt, unterstützt von einer großen atlantischen Lobby, dieser von den USA forcierten Tendenz der Konfliktverschärfung, da und dort begleitet von ein paar distanzierenden Versuchen zur Wahrung der eigenen Interessen wie etwa bei Nordstream 2. Aber es ist deutlich erkennbar, dass der Aufbau einer Gruppe von US-Einflusspersonen bei uns in Deutschland wie in anderen Ländern weit fortgeschritten ist. Der außenpolitische Sprecher der Union und zugleich Vorsitzende des Auswärtigen Ausschusses Röttgen wie auch der deutsche Außenminister Heiko Maas (SPD) und auch die maßgeblichen Personen bei den Grünen und der FDP und teilweise sogar der Linkspartei folgen diesem Trend und unterstützen ihn. Es gibt Variationen, alle sind irgendwie gegen den jetzigen US-Präsidenten Trump. Aber gerade an diesen Beispielen sieht man, dass sich die Politik des jetzigen

Präsidenten von der Politik der anderen maßgeblichen Kräfte in der Demokratischen Partei der USA nicht wesentlich unterscheidet.

Beide Lager und die großen wirtschaftlichen Konzerne im Hintergrund, die Finanzkonzerne und die Konzerne des Internets fahren und unterstützen eine imperiale Politik. Sie betrachten sich als die eigentlichen Herren der Welt und wollen da, wo dieses Vasallenverhältnis nicht mehr so richtig funktioniert, Boden zurückgewinnen. Angesichts dieser Entwicklung ist die Feststellung des früheren Bundespräsidenten Heinemann, der Frieden sei der Ernstfall, ausgesprochen angemessen.

Die Möglichkeit, in Europa wenigstens zu einer eigenen Politik gegenüber Russland zu kommen, ist dadurch unwahrscheinlicher geworden, dass die USA Mitglieder der NATO in Osteuropa und Südosteuropa in den letzten Jahren auf ihre Seite, auf die Seite der neuen Konfrontation, gezogen haben. Dort sind Teile der politischen Kräfte immer für eine Politik gegen Russland zu haben. Das erklärt die veränderte Haltung der NATO und anderer NATO-Staaten, die nicht direkt betroffen sind. Sie richten sich nach den Wünschen der osteuropäischen Staaten und der dort bestimmenden politischen Kräfte.

Hinzu kommt verschärfend, dass die Europäische Union bis hin zum Europäischen Parlament in diese anti-russische Haltung einbezogen worden ist. Das ist eine wahnsinnig schwierige Situation. Soll die Projektgruppe für eine Neue Gesellschaft nun empfehlen, mit den Wölfen zu heulen, um wenigstens noch ein bisschen Einfluss auf die US-amerikanische Politik und die Politik der osteuropäischen Staaten zu haben? Oder sollen wir auf Gegenkurs gehen?

Letzteres hieße konkret: zunächst in der NATO noch den Versuch zu machen, den Kurs des Konfliktes mit Russland zu beenden und zur 1990 vereinbarten Politik der gemeinsamen

Sicherheit in Europa zurückzukehren. So wie die Dinge angelegt sind, wird dieser Versuch nicht erfolgreich sein.

Dann bleibt uns nur der Austritt aus der NATO einschließlich der Aufkündigung der Verträge mit den USA und der Forderung an sie, ihre Militärbasen in Deutschland zu schließen und ihr Militär aus unserem Land zurückzuziehen. Die Projektgruppe müsste prüfen, ob und wie das alles möglich wäre. Sicher ist das nicht, eher ausgesprochen unsicher, weil es Verträge gibt, die uns binden. Dann müsste aber eine harte Debatte um diesen Umstand geführt werden und es müsste darauf gezielt werden, diese vertraglichen Grundlagen zu verändern.

Unser Ziel ist klar: Wir wollen in Europa gemeinsame Sicherheit. Auch mit Russland. Wir wollen die Zusammenarbeit und nicht die Konfrontation. Wir wollen keine neuen Feinde und keine neuen Feindbilder.

Wenn wir das zusammen mit den USA und anderen westlichen Mächten erreichen, dann ist das prima.

Die USA sind herzlich eingeladen. Auch die Nachbarstaaten Russlands in Osteuropa sind herzlich eingeladen, an dieser friedlichen Zusammenarbeit und am friedlichen Zusammenleben in Europa weiter mitzuwirken. So wie es 1989 und 1990 vereinbart worden ist.

Dieses Thema könnte als Mittel zu einer neuen wichtigen und guten Politisierung unseres Volkes genutzt werden. Die Projektgruppe müsste im Vorfeld sehr viel Sachverstand mobilisieren. Die rechtliche Situation ist ziemlich unklar. Zur Ermittlung der Möglichkeit dieses Schritts der Befreiung aus dem Vasallendasein bedarf es der Mitwirkung sehr sachverständiger Menschen.

Wenn man die zuletzt formulierten Vorschläge konfrontiert mit dem, was wir aus Berlin und aus Brüssel von EU und NATO hören, wenn wir den Vorschlag, sich aus der Umklammerung der USA zu lösen, konfrontieren mit dem, was in den Berichten und Kommentarspalten der deutschen Hauptmedien steht und gesendet wird, dann muss man eigentlich jede Hoffnung fahren lassen. So unterschiedlich sind die Positionen.

Wenn ich trotzdem rate, diesen Kurs wenigstens zu beschreiben und juristisch zu untermauern, dann hat das damit zu tun, dass es nach meiner Erfahrung aus Gesprächen und in Kenntnis von Umfragen im deutschen Volk eine Mehrheit für diesen Kurs gäbe. Wir müssen die Mehrheit der Menschen ohne Ämter und ohne medialen Einfluss bewegen. Es käme alles darauf an, dass diese Mehrheitsmeinung in Texten gefasst und propagiert wird, und dass diese Position auch von glaubwürdigen Menschen in der Welt der Medien, der Etablierten und der anderen, und auch in der politischen Welt und in der politischen Wissenschaft vertreten wird. Lange warten darf man allerdings nicht. Denn die massive Agitation nach dem Motto »Wir im Westen sind die Guten« wird auch in den Reihen der Mehrheit wirken, wenn die notwendige Kampagne zur Aufklärung allzu lange auf sich warten lässt. Das ist alles nicht leicht, aber notwendig.

Wie soll es weitergehen?
Nur ein Stück Hoffnung

»Es muss etwas passieren«, meinte eine Hotelangestellte in Amsterdam zum Abschluss eines Gesprächs über die sozialen Verhältnisse in ihrer Branche. Sie und ihre Kolleginnen haben in ihrem kleinen Hotel noch feste und humane Arbeitsverhältnisse sowie Kranken- und Altersvorsorge. Aber in den großen Hotels gibt's Minilöhne und Arbeit auf Abruf; zwölf Minuten darf ein Zimmermädchen für die Reinigung eines Zimmers brauchen. In den oberen Etagen gebe es dagegen unvorstellbar hohe Gehälter. Es müsse sich etwas ändern.

Mit dieser kleinen Geschichte will ich die großen Fragen einleiten: Gibt es noch die Chance auf einen Umbruch? Auf eine grundlegende Veränderung? Darauf, dass die Macht wirklich vom Volke ausgeht und nicht von den Reichen und Mächtigen? Gibt es eine Chance, dass wir lernen, vernünftig, fair und menschlich miteinander umzugehen? Und friedlich? Gibt es die Chance, den Höhenflug der Ungleichheit zu brechen und den Trend umzukehren? Dass wir uns verabschieden von der Ideologie des Neoliberalismus? Dass Solidarität den Zeitgeist prägt, und nicht der Glaube, jeder sei seines Glückes Schmied?

Die Chancen sind nicht groß.

Wir werden darauf hoffen müssen, dass Menschen heranwachsen und in Erscheinung treten, die die öffentliche Debatte auf gute Weise prägen. Wie vor langer und auch in jüngerer Zeit unter anderem Mahatma Gandhi, Martin Luther King,

Karl Marx, Rosa Luxemburg, die Geschwister Scholl, Hannah Arendt, und noch viel früher Jesus mit seiner Bergpredigt. Diese ist – ernsthaft – im Kern einschlägig für den Geist und die Werte einer guten Neuen Gesellschaft.

Wir müssen darauf hoffen, dass sich kluge, engagierte Personen durchsetzen – wie Olof Palme und Willy Brandt in ihren Parteien in den 1960ern und 70ern; andere demnächst vielleicht in der Wissenschaft und Literatur oder in Verbänden und Nichtregierungsorganisationen. Im Ansatz hatte es zuletzt der Franzose Stéphane Frédéric Hessel mit *Empört Euch!* geschafft, viele Menschen um eine neue Hoffnung zu versammeln. Aber nachhaltig war sein Einfluss leider nicht.

Man wird weiter darauf hoffen müssen, dass Ereignisse eintreten, die grundlegendes Umdenken fördern und möglich machen. Wir haben das immer wieder in der jüngeren Geschichte erlebt: die beiden Weltkriege, die Friedenspolitik der 1960er- und 70er-Jahre, 68, Tschernobyl, Ende des Kalten Krieges und der Jugoslawienkrieg.

Der Klimawandel war insbesondere bei jungen Menschen ein solcher Stein des Anstoßes und ist es hoffentlich weiter.

Die Covid19-Pandemie und die offizielle Reaktion darauf könnten Umdenken größeren Ausmaßes auslösen.

Wir erleben gerade bei diesem Thema aber auch etwas Schreckliches: wie Freundschaften auseinandergehen, wie Menschen, die sich bisher geschätzt haben, im Anderen nur noch den Corona-Leugner sehen, der die Menschheit gefährdet. Oder umgekehrt im Anderen nur den gedankenlosen Nachbeter der Regierungsmeinung. Was wir hier beobachten, ist nicht gerade ein Hoffnungsschimmer. Hier funktioniert wie so oft das Prinzip »Spalte und herrsche«.

So muss man wohl auch die gesamten Demonstrationen sehen, die bisher 2020 stattfanden. An sich ist es ein erfreuliches Signal, wenn Tausende von Menschen aus allen Altersgruppen und allen Teilen Deutschlands auf die Straße gehen. Aber geht es irgendwo um eine umfassende oder wenigstens grundlegende neue soziale Gestaltung unserer Gesellschaft? Die sogenannte »soziale Frage« wird – übrigens anders als von den Gelbwesten in Frankreich – nicht gestellt. Die Sorgen der Menschen, die vor Altersarmut stehen oder bereits davon betroffen sind, die Sorgen jener, die nur befristete Arbeitsverhältnisse haben, die Sorgen der Menschen mit geringen Löhnen und die extrem wachsende Ungleichheit sind nicht das große und schon gar nicht das vorrangige Thema dieser Demonstrationen. Nicht einmal die Sorge um den Frieden ist ein beherrschendes Thema.

Die einen demonstrieren gegen Rassismus. Dagegen ist nichts zu sagen, im Gegenteil. Aber das bringt den notwendigen gesellschaftlichen Umschwung nicht. Die anderen demonstrieren gegen die Corona-Politik der Bundesregierung und für mehr Freiheit. Auch das ist recht und gut, aber lässt den großen Ansatz der notwendigen geistigen und politischen Umwälzung auch nicht erkennen.

Insgesamt keine guten Aussichten. Es bleibt die Hoffnung.

Anmerkungen

II. Das Zeitalter der Restauration. Wo man hinschaut Rückschritt

1 Brandt, Willy: Regierungserklärung vom 28. Oktober 1969, online unter: www.willy-brandt-biografie.de/quellen/videos/regierungs erklaerung-1969-lang/, abgerufen am 13. August 2020.

2 Schmidt, Helmut: »Plädoyer für einen fernsehfreien Tag. Ein Anstoß für mehr Miteinander in unserer Gesellschaft.« Online unter: www.zeit.de/1978/22/Plaedoyer-fuer-einen-fernsehfreien-Tag, abgerufen am 13. August 2020.

3 Sachverständigenrat Jahresgutachten 2017/2018:»Einkommensungleichheit: Eine tiefergehende Analyse, online unter: www.sach verstaendigenrat-wirtschaft.de/fileadmin/dateiablage/gutachten/ jg201718/jg2017_12_verteilung.pdf, abgerufen am 13. August 2020.

4 Fies, Andréas: »Deutschland: Arm in einem reichen Land«, 2017,online unter: www.arte.tv/de/videos/077980-000-A/deutschland-arm-in-einem-reichen-land/, abgerufen am 13. August 2020; Opitz, Florian: »Ganz oben – Die diskrete Welt der Superreichen«, 2018, online unter: www.arte.tv/de/videos/067121-000-A/ganz-oben/, abgerufen am 13. August 2020.

5 Berger, Jens: Wem gehört Deutschland? Die wahren Machthaber und das Märchen vom Volksvermögen, Westendverlag, Frankfurt am Main 2014.

6 »Thomas Piketty: Ungleichheit zerstört die Demokratie«, März 2020, online unter: www.youtube.com/watch?v=8WderB3_kuA, abgerufen am 13. August 2020.

7 Pressemitteilung vom 15. Juli 2020. Online unter: www.diw.de/ de/diw_01.c.793891.de/vermoegenskonzentration_in_deutsch land_hoeher_als_bisher_bekannt.html, abgerufen am 13. August 2020.

8 Beschluss vom SPD-Präsidium: »Die Vermögensbesteuerung wiedereinführen«, 26. August 2019, online unter: www.spd.de/file admin/Dokumente/Beschluesse/Parteispitze/20190826_ Beschluss_Vermoegensteuer.pdf, abgerufen am 13. August 2020.

9 Siehe dazu auch: Müller, Albrecht: Glaube wenig. Hinterfrage alles. Denke selbst, Westendverlag, Frankfurt am Main 2019, S. 100–105.

10 Kröger, Michael: »Lufthansa-Chef Spohr wehrt sich gegen Staatseinfluss«, 28. April 2020, online unter: www.spiegel.de/wirt schaft/-a-43093d1f-7d18-4e8a-b554-079df193f21b, abgerufen am 11. August 2020.

11 Astheimer, Sven und Rüdiger Köhn: »Lufthansa-Großaktionär Thiele erhöht Anteil auf 15 Prozent«, 26. Juni 2020, online unter: www.faz.net/aktuell/wirtschaft/unternehmen/lufthansa-aktionaer-thiele-erhoeht-anteil-auf-15-prozent-16817843.html, abgerufen am 11. August 2020.

12 Pressemitteilung CureVac: »Bundesregierung beteiligt sich mit 300 Millionen Euro an CureVac«, 06. Mai 2020, online unter: www.curevac.com/de/news/german-federal-government-invests-300-million-euros-in-curevac und www.bmwi.de/Redaktion/DE/Pressemitteilungen/2020/20200615-bundesregierung-beteiligt-sich-mit-300-millionen-euro-an-curevac.html, abgerufen am: 11. August 2020.

13 Neumann, Ulrich und Fritz Schmaldienst: »Ausgebremste Steuerfahnder – Wie aus engagierten Beamten psychisch Kranke wurden«, 20. Juli 2009, online unter: www.swr.de/report/ausge bremste-steuerfahnder/-/id=233454/did=4965148/nid= 233454/1gy91i6/index.html, abgerufen am 11. August 2020; Thieme, Matthias: »Wie der Staat unbequeme Steuerfahnder kaltstellt«, 21. September 2013, online utner:www.capital.de/karriere/wie-der-staat-unbequeme-steuerfahnder-kaltstellt, abgerufen am 11. August 2020.

14 Online unter: www.frep.info/, abgerufen am 11. August 2020.

15 »Die Open Society Foundations und Goerge Soros«, 12. Juni 2019, online unter: www.opensocietyfoundations.org/newsroom/open-society-foundations-and-george-soros/de, abgerufen am 11. August 2020.

16 Lutz, Rafael, »US-Geheimdienste spähten Assange aus«, 03. Juli 2020, online unter: www.infosperber.ch/Politik/US-Geheim dienste-spahten-Assange-aus, abgerufen am 11. August 2020.

17 Müller, Albrecht: Meinungsmache: Wie Wirtschaft, Politik und Medien uns das Denken abgewöhnen wollen, Knaur, München 2009.

18 Ockenfels, Axel und Martin Schmalz: Die neue Macht der Fondsgesellschaften, 30. Juli 2016, online unter: www.faz.net/aktuell/wirtschaft/wirtschaftswissen/fondsgesellschaften-schaden-dem-wettbewerb-14361696.html, abgerufen am 05.08.2020.

19 Siehe dazu auch Berger, Jens: Wer schützt die Welt vor den Finanzkonzernen? Die heimlichen Herrscher und ihre Gehilfen. Westendverlag, Frankfurt, 2019.

20 Obertreis, Rolf: »Wir nehmen Einfluss im Hintergrund«, 25. Juli 2015, online unter: www.tagesspiegel.de/wirtschaft/chef-von-blackrock-im-interview-wir-nehmen-einfluss-im-hintergrund/12102746.html, abgerufen am 11. August 2020.

21 Siehe dazu: Müller, Albrecht: Mut zur Wende, Aufbau 1997, S. 93–100.

22 Niejahr, Elisabeth: »Stille Flucht aus dem System«, 01. Februar 1999, online unter: www.spiegel.de/spiegel/spiegelspecial/d-9583319.html, abgerufen am 20.07.2020.

23 Müller, Albrecht: »Privatvorsorge – die Aufklärung schreitet voran. Bravo FR!«, 06. Januar 2005, online unter: www.nachdenkseiten.de/?p=432, abgerufen am 20.07.2020.

24 »Sprudelnde Ölquelle«, 08. Juli 2005, online unter: www.netzeitung.de/spezial/zukunftdesalters/342794.html, leider nicht mehr verfügbar.

25 Piketty, Thomas: Kapital und Ideologie, C. H. Beck, München 2020, S. 50.

26 Afhüppe, Sven und Kirsten Ludowig: »Paul-Bernhard Kallen: ›Wir müssen eine eigenen digitale Infrastruktur aufbauen‹«, 03. August 2020, online unter: www.handelsblatt.com/unternehmen/it-medien/burda-chef-im-interview-paul-bernhard-kallen-wir-muessen-eine-eigene-digitale-infrastruktur-aufbauen/26059538.html, abgerufen am: 11. August 2020.

27 Bender, René, Felix Holtermann, Sönke Iwersen und Katharina Schneider: »Der Betrug bei Wirecard soll schon vor 15 Jahren begonnen haben«, 28. Juli 2020, online unter: www.handelsblatt.com/finanzen/banken-versicherungen/bilanzskandal-der-betrug-bei-wirecard-soll-schon-vor-15-jahren-begonnen-haben/26040098.html, abgerufen am 13. August 2020.

28 Lohse, Eckart: »Guttenbergs Überfall«, 25. April 2020, online unter: www.faz.net/aktuell/politik/inland/guttenberg-und-wirecard-merkel-haette-alarmiert-sein-muessen-16876163.html, abgerufen am 13. August 2020.

29 Becker, Sven, Rafael Buschmann, Matthias Gebauer, Nicola Naber, Gerald Traufetter, Christoph Winterbach und Michael Wulzinger: »Auch Ex-Geheimdienstbeauftragter Fritsche lobbyierte im Kanzleramt«, 22. Juli 2020, online unter: www.spiegel.de/politik/deutschland/wirecard-und-klaus-dieter-fritsche-kanzleramt-muss-weitere-kontakte-einraeumen-a-4fe5ce20-e882-4b6c-adad-547dd4af10d9, abgerufen am 13. August 2020.

30 Darauf hatte Piketty in dem zitierten Video ausdrücklich hingewiesen.

31 Siehe dazu auch: Müller, Albrecht: Glaube wenig. Hinterfrage alles. Denke selbst, Westendverlag, Frankfurt am Main 2019, S. 125-128.

32 Eine gute Beschreibung des Vorgangs findet sich hier: Obertsreis, Rolf: »Eine Aktie fürs Volk«, 16. November 2016, online unter: www.tagesspiegel.de/14852362.html, abgerufen am 13. August 2020.

33 »Merkel warb in China für Wirecard«, 20. Juli 2020, online unter: www.tagesschau.de/wirtschaft/wirecard-kanzleramt-105.html, abgerufen am 12. August 2020.

34 Weidmann, Jens: »Die gesamtwirtschaftliche Bedeutung von Kapitalmärkten«, Mai 2014, online unter: www.bundesbank.de/de/presse/reden/die-gesamtwirtschaftliche-bedeutung-von-kapitalmaerkten-663982, abgerufen am 13. August 2020.

35 Heinemann, Gustav, 1969, online unter: www.google.com/url?sa=t&rct=j&q=&esrc=s&source=web&cd=&ved=2ahUKEwjCj-mez97qAhWPCuwKHSHgBOQQFjAEegQIBxAB&url=https%3A%2F%2Fwww.bundestag.de%2Fresource%2Fblob%2F486422%2F13face838cee1c3e1029e84adb3f8e9d%2F05-Gemeinsame-Sitzung-von-Bundestag-und-Bundesrat-am-1-Juli-1969-data.pdf&usg=AOvVaw0kwOlB2HJFnQ_KRsMOdmdI, S. 13665, abgerufen am: 21. Juli 2020.

36 Brandt, Willy: Regierungserklärung vor dem Deutschen Bundestag in Bonn, 28. Oktober 1969, online unter: www.willy-brandt-biografie.de/wp-content/uploads/2017/08/Regierungserklaerung_Willy_Brandt_1969.pdf, S. 35, abgerufen am: 24. Juli 2020.

37 Stoltenberg, Jens in: Schlitz, Christoph: »China kommt immer näher vor die Haustür Europas«, 12. Juni 2020, online unter: www.welt.de/politik/ausland/article209473417/Nato-Chef-Jens-Stoltenberg-China-kommt-immer-naeher-vor-die-Haustuer-Europas.html, abgerufen am 24. Juli 2020.

38 Vergleiche etwa: Struck, Peter, Rede am 20. Dezember 2002, online unter: www.bundesregierung.de/breg-de/service/bulletin/rede-des-bundesministers-der-verteidigung-dr-peter-struck--784328, abgerufen am 24. Juli 2020.

39 Geißler, Ralf: »Der Mann, der den Dritten Weltkrieg verhinderte«, 26. September 2008, online unter: www.deutschlandfunkkultur.de/der-russische-oberstleutnant-stanislaw-petrow-der-mann-der.932.de.html?dram:article_id=130212, abgerufen am: 24. Juli 2020.

40 »Kohls außenpolitischer Berater Horst Teltschik zum 80. Geburtstag«, online unter: https://soundcloud.com/sna-radio/exklusiv-kohls-ausenpolitischer-berater-horst-teltschik-zum-80-geburtstag, abgerufen am 13. August 2020.

41 Roth, Michael, 07. Januar 2020, online unter:https://twitter.com/miro_spd/status/1214631932291665921?lang=ar, abgerufen am 12. August 2020.

42 Siehe: Klein, Naomi: Die Schock-Strategie: Der Aufstieg des Katastrophen-Kapitalismus, Fischer, Frankfurt am Main 2007, ab Seite 303.

43 »Unabhängiger Journalismus«, 29. April 2014, online unter: www.youtube.com/watch?v=1LONPFtP1GY, abgerufen am 13. August 2020; Näheres zum Einfluss über die Atlantikbrücke: Müller, Albrecht: »Weitere Informationen zur Arbeitsweise des Netzes US-naher bzw. ideologisch gleichgerichteter Medien«, 26. März 2014, online unter: www.nachdenkseiten.de/?p=21214, abgerufen am 12. August 2020.

44 Kohlenberg, Kersting und Mark Schieritz: »Die Superwaffe des Mr. Glaser«, 23. Oktober 2014, online unter: www.zeit.de/2014/44/financial-warfare-sanktionen-russland, abgerufen am 12. August 2020.

45 Wiegrefe, Klaus: »Todeswünsche für Willy Brandt«, 12. Mai 2014, online unter: www.spiegel.de/spiegel/print/d-126954427.html, abgerufen am 12. August 2020

46 »Linken-Abgeordnete Freihold zu US-Truppen in Rheinland-Pfalz: ›Absurde Freundschaftsfeierlichkeiten‹«, 07. Januar 2020, online unter: www.pfalz-express.de/linken-abgeordnete-freihold-zu-us-truppen-in-rheinland-pfalz-absurde-freundschaftsfeierlichkeiten/, abgerufen am August 2020.

47 Rötzer, Florian: »Ukraine: Die subtile Außenpolitik der USA«, 29. Januar 2019, online unter. www.heise.de/tp/features/Ukraine-Die-subtile-Aussenpolitik-der-USA-3952778.html, abgerufen am 13. August 2020.

48 »Reform-Kritiker lenken nicht ein«, 15. April 2003, online unter: www.stern.de/politik/deutschland/agenda-2010-reform-kritiker-lenken-nicht-ein-3349340.html, abgerufen am 13. August 2020.

49 »SPD-Mitgliederentscheid am Ende«, 15. Juni 2003, online unter: www.faz.net/aktuell/politik/agenda-2010-spd-mitgliederent scheid-am-ende-1102249.html, abgerufen am 13. August 2020.

50 Tauss, Jörg: »Cem Özdemir: Der grüne US-Boy«, 13. Juni 2019, online unter: www.heise.de/tp/features/Cem-Oezdemir-Der-gruene-US-Boy-4427752.html, abgerufen am 13. August 2020.

51 Echtzeit-Chart der Lockheed Martin Corp Aktie, online unter: traderfox.de/aktien/67576-lockheed-martin-corp/fundamental, abgerufen am 21. Juli 2020.

52 Merkel, Angela: »Schroeder Doesn't Speak for All Germans«, 21. März 2003, Wiedergabe des Beitrags in der Washington Post, online unter: https://www.welt.de/print-welt/article411719/Schroeder-Doesn-t-Speak-for-All-Germans.html, abgerufen am 13. August 2020.

53 Becker, Markus: »Merks Bückling vor Bush«, 20. Februar 2003, online unter: www.spiegel.de/politik/ausland/beitrag-in-us-zeitung-merkels-bueckling-vor-bush-a-237040.html, , abgerufen am 13. August 2020.

54 Schwab, Benita: »Nebenjobs in Lobbyvereinen: Wie die Rüstungsindustrie Politiker umgarnt«, 16. April 2018, online unter: www.abgeordnetenwatch.de/blog/lobbyismus/nebenjobs-lobby vereinen-wie-die-ruestungsindustrie-politiker-umgarnt, abgerufen am 13. August 2020.

55 Blank, Ingo und Dietrich Krauß: »Rentenangst! Der Kampf um die Altersversorgung«, 09. März 2008, online unter: www.nachdenk seiten.de/upload/pdf/080309_ARD_Rentenangst.pdf, abgerufen am 13. August 2020.

56 Leffers, Jochen: »Unternehmen spendete der FDP 1,1 Millionen Euro«, 16. Januar 2010, online unter: www.spiegel.de/politik/deutschland/grossgeschenke-unternehmer-spendete-der-fdp-1-1-millionen-euro-a-672303.html, abgerufen am: 10. August 2020.

57 Reyher, Martin: »Das sind die Nebeneinkünfte der Bundestagsabgeordneten«, 17.08.2019, online unter: www.abgeordnetenwatch.de/blog/nebentaetigkeiten/das-sind-die-nebeneinkuenfte-der-bundestagsabgeordneten-1, abgerufen am 10. August 2020.

58 Höhn, Matthias: »Regierung gab für Berater mehr als 178 Millionen Euro aus«, 23.07.2019, online unter: www.linksfraktion.de/themen/nachrichten/detail/regierung-gab-fuer-berater-mehr-als-178-millionen-euro-aus/, abgerufen am 10. August 2020.

59 Reyher, Martin: »Das sind die Nebeneinkünfte der Bundestagsabgeordneten«.

60 Reyher, Martin: »Das sind die Nebeneinkünfte der Bundestagsabgeordneten«.

61 Bertelsmann Studie veröffentlicht in der Tagesschau vom 22. Juli 2020, online unter: https://www.tagesschau.de/inland/kinderarmut-151.html, abgerufen am 10. August 2020.

62 Charisius, Hanno, Georg Mascolo und Nicolas Richter: »Innenministerium dringt auf massive Ausweitung von Corona-Test«, 27. März 2020, online unter: www.sueddeutsche.de/politik/coronavirus-tests-strategie-1.4858950, abgerufen am 10. August 2020.

63 Eine kleine Anfrage der Linksfraktion zu diesem Verkauf wurde am 11. Februar 2019 beantwortet und gibt Aufschluss über die Folgen dieser Privatisierung, online unter: http://dipbt.bundestag.de/doc/btd/19/076/1907615.pdf, abgerufen am 10. August 2020.

64 Arbeitslosenquote des Euroraums bei 12,2%, EU28 bei 11,0%, 31. Oktober 2013, online unter: https://ec.europa.eu/commission/presscorner/detail/de/STAT_13_159, abgerufen am 10. August 2020.

65 »Eine tödliche Finanzkrise«, 24. Februar 2014, online unter: www.aerztezeitung.de/Politik/Eine-toedliche-Finanzkrise-233358.html, abgerufen am 10. August 2020.

66 »Verkauft doch eure Inseln, ihr Pleite-Griechen und die Akropolis gleich mit!«, 27. Oktober 2010, online unter: www.bild.de/politik/

wirtschaft/griechenland-krise/regierung-athen-sparen-ver-kauft-inseln-pleite-akropolis-11692338.bild.html, abgerufen am 10. August 2020.

67 »Verfügbares Budget 2014-2020«, online unter: https://ec.europa.eu/regional_policy/de/funding/available-budget/, abgerufen am: 10. August 2020.

68 »Von der Leyen hält höhere Militärausgaben für machbar«, 08. März 2017, online unter: www.schwaebische.de/sueden/baden-wuerttemberg_artikel,-von-der-leyen-haelt-hoehere-militaerausgaben-fuer-machbar-_arid,10627672.html, abgerufen am 14. August 2020.

Zwischenruf: Uns gehts doch gut

1 »Wie macht Angela Merkel ihre Arbeit als Bundeskanzlerin alles in allem gesehen?«, 10. Juli 2020, online unter: https://de.statista.com/statistik/daten/studie/675140, abgerufen am 10. August 2020.

2 »Bruttoverschuldung des Staates – jährliche Daten«, online unter: https://ec.europa.eu/eurostat/tgm/table.do?tab=table&init=1&language=de&pcode=teina225&plugin=1, abgerufen am 10. August 2020.

3 Oborne, Peter und David Hearst: »Die mediale Ermordung von Jeremy Corbyn«, 01. Juli 2020, Übersetzung online unter: www.nachdenkseiten.de/?p=62491, abgerufen am 14. August 2020.

4 Van Es, Ana und Anneke Stoffelen, »Founder of Foundation behind White Helmets Admits Fraud«, 17. Juli 2020, online unter: www.volkskrant.nl/nieuws-achtergrond/founder-of-foundation-behind-white-helmets-admits-fraud~b5dacd0c/?referer=https%3A%2F%2Fwww.google.com%2F, Abgerufen am 04. August 2020.

III. Der Kampf der Etablierten gegen die aufkeimende Kritik

1 Tagesschau, 01. August 2020, online unter: www.tagesschau.de/ts-38363.html, abgerufen am 04.08.2020.

2 Stand 02. August 2020

3 Müller, Maren: »NDR – Programmbeschwerde wegen Manipulation und Meinungsmache«, 09. Oktober 2019, online unter: https://publikumskonferenz.de/blog/2015/10/09/936/, abgerufen am: 12. August 2020.

4 Lutz, Rafael: »Wer die Bekämpfung von ›Fake-News‹ finanziert, 28. Mai 2020, online unter: www.infosperber.ch/Politik/ Bekampfung-von-Fake-News-im-Interesse-der-Machtigen, abgerufen am 14. August 2020.

5 Haering, Norbert: »Die EU verspricht, Zensur und Meinungskontrolle intensivieren«, 11. Juni 2020, online unter: https://norbert-haering.de/medienversagen/eu-verspricht-mehr-zensur/, abgerufen am 04. August 2020.

6 Bekanntmachung, 01. Juli 2020, online unter: www.bmbf.de/foerderungen/bekanntmachung-3077.html, abgerufen am 04. August 2020.

7 www.correctiv.org, abgerufen am 14. August 2020.

8 »CORRECTIV: Wie alles begann«, 05. November 2017, online unter: https://correctiv.org/in-eigener-sache/2017/11/05/correctiv-wie-alles-begann, abgerufen am 04. August 2020.

9 »Über uns: Recherchen für die Gesellschaft«, online unter: https://correctiv.org/ueber-uns/, abgerufen am 04. August 2020.

10 »Albrecht Müller (Publizist), online unter: https://de.wikipedia.org/wiki/Albrecht_M%C3%BCller_(Publizist), abgerufen am: 04. August 2020.

IV. Die Revolution ist fällig – aber nicht möglich

1 Der Autor Volker Arzt beschreibt in seinem 2019 erschienenen Buch Kumpel und Komplizen: *Warum die Natur auf Partnerschaft setzt, dass dies nicht auf menschliche Gesellschaften beschränkt ist.* Im Kontext ist auch das Buch von Andreas von Westphalen: Die Wiederentdeckung des Menschen. *Warum Egoismus, Gier und Konkurrenz nicht unsere Natur entsprechen einschlägig.*

2 Knipper, Til: »»Kampf dem Feudalismus««, online unter: www.cicero.de/wirtschaft/kampf-dem-feudalismus/52542, abgerufen am: 04. August 2020.

3 Sahra Wagenknecht: Reichtum ohne Gier. Wie wir uns vor den Kapitalismus retten, Campus Frankfurt am Main, 2018.

4 Siehe Müller, Albrecht: »Ein Vorschlag zur Besteuerung von Wertsteigerungen bei Grundstücken« online unter: https://www.google.com/url?sa=t&rct=j&q=&esrc=s&source=web&cd=&ved=2ahUKEwj5ysCz4oHrAhULDuwKHYAEBtgQFjAAegQIBRAB&url=httpsProzent3AProzent2FProzent2Fwww.nachdenkseiten.deProzent2FuploadProzent2FpdfProzent2F190508-

Bodenwertzuwachssteuer.pdf&usg=AOvVaw29kussDJ9U1bk Nngy-HqAk, abgerufen am 14. Aug. 2020.

5 Christian Felber, Gemeinwohl-Ökonomie. Piper, München 2018

6 Schulten, Thorsten und Nils Böhlke: »Überblick über Privatisierung im deutschen Krankensektor«, Januar 2009, online unter: www. google.com/url?sa=t&rct=j&q=&esrc=s&source=web&cd=&-ved=2ahUKEwiE8JGfj5jrAhVHi6QKHZ87CkUQFjAFegQIBxAB& url=https%3A%2F%2Fwww.boeckler.de%2Fpdf%2Fv_2009_01_ 22_schultenboehlke.pdf&usg=AOvVaw02jtY4lSUnU7NPm Cs6fLxb, abgerufen am 14. August 2020.

7 »Wie wir COVID-19 unter Kontrolle bekommen«, online unter: www.bmi.bund.de/SharedDocs/downloads/DE/veroeffentlich ungen/2020/corona/szenarienpapier-covid-19.pdf;jsessionid= 47E4D346F101D00CF81B5C85D27B99BB.2_cid373?__blob= publicationFile&v=4, abgerufen am 14. Aug. 2020.

8 »Das sollten Sie jetzt wissen«, online unter: www.bmbf.de/de/ wissenswertes-zum-digitalpakt-schule-6496.php , abgerufen am 14. Aug. 2020.

9 Siehe: Hungbaur Daniela: »Manfred Spitzer: ›Je höher die digitale Dosis, desto größer das Gift‹«, 04. Mai 2020, online unter: https:// www.augsburger-allgemeine.de/ id57321261.html; Teuchert-Noodt, Gertraud: »Ein Bauherr beginnt auch nicht mit dem Dach«, online unter: www.hinweis-hamburg.de/interview/ein-bauherr-beginnt-auch-nicht-mit-dem-dach/, abgerufen am 14. August 2020.